lo mejor de
Susanita

Lumen

¡MÁS SERIEDAD, MANGA DE CURSIS, QUE ESTE ES UN LIBRO DE EDITORIAL LUMEN! ADEMÁS, EL COPYRIGHT ES DE SUCESORES DE JOAQUÍN S. LAVADO (QUINO)
SÍ, Y QUEDA HECHO EL DEPÓSITO LEGAL Nº B-2433-2026
I.S.B.N 978-84-264-3360-2
EL DIZEÑO DE LA CUBIEDTA EZ DE ANDREU BARBERÁN ¡AH!
IMPRESO EN ESPAÑA PRINTED IN SPAIN ¡OUH, YES!

Nota editorial

«¡Hijitos! Eso es lo único que le pido a la vida», proclama sin reparo Susanita —esto es, Susana Clotilde Chirusi—, de seis años, con su peinado impecable y una férrea convicción sobre cómo debe, sí o sí, organizarse el mundo: primero, claro está, el matrimonio, luego los hijos, después la casa grande, el coche, las joyas, el bridge y, como guinda, los nietitos. Su obsesión por el amor y la familia lo impregna todo: cuando la maestra pregunta por el futuro perfecto del verbo *amar*, Susanita apenas duda al responder: «¡Hijitos!».

«Cada vez que habla parece el Premio Nobel de la Clase Media», escribió Mafalda, al presentarla a los lectores cuando las tiras empezaron a publicarse en la revista *Siete Días*. En casa de Susanita, todo encaja a la perfección: una madre a su imagen y semejanza, un padre vendedor en una fábrica de embutidos (algo que ella custodia como un secreto de Estado) y el deseo irrenunciable de un hermanito. Cuando Susanita se entera de que a su mejor amiga le «llegará» uno, monta en cólera ante sus padres, a los que recrimina el hecho de haberse «dejado ganar».

Adora el lujo y las comodidades —y quizá a Felipe—, detesta la pobreza (mejor taparla que tratar de resolverla), las ideas molestas y, muy en particular, a Manolito…

Quino retrató a una sociedad en miniatura y logró crear con sus personajes unos arquetipos: el espíritu crítico, la inocencia, la imaginación, el materialismo, el idealismo, etcétera. Y a Susanita le tocó tal vez la peor parte de la condición humana, esa que también reconocemos en cada uno de nosotros. Desde su debut, el 6 de junio de 1965, Quino la convirtió en la pieza esencial del engranaje de *Mafalda*. Cotilla, envidiosa, melodramática, maternal y egocéntrica, con un tono clasista que a veces roza el racismo, es el personaje que tensa la cuerda con los demás —en particular con Mafalda— y que hace saltar la chispa del conflicto para que la tira brille. Susanita se siente dotada de un «magnetismo especial», ansía inmiscuirse en la vida de los otros a la mínima oportunidad que le dan (y, si no se la dan, también) y presume del estatus con total naturalidad: cuando piensa que algunos no pueden permitirse veranear y ella sí, el orgullo de clase le recorre el pecho como un estremecimiento de satisfacción.

Le interesan más los vestidos que la cultura, por lo que empezar a ir a la escuela le parece una triste manera de «tirar por la borda toda una vida dedicada al analfabetismo». Convencida de sí misma, suelta sus máximas, que son tanto un autorretrato como una coartada: «¿Qué puedo hacer con una personalidad tan interesante como la mía?», «Sé que mis derechos terminan donde comienzan los de los demás. ¿Pero es mi culpa que los de los demás empiecen tan lejos?», «¿Te conté que mi problema de incomunicación es no poder incomunicarme?».

Este volumen reúne sus mejores apariciones: discusiones antológicas, crueldades lanzadas contra Manolito —que, imperturbable, replica que «los cheques de sus burlas no tienen fondos en el banco de su ánimo»—, estallidos iconoclastas y una colección de malos ratos guardados en frasquitos con fecha. A veces consigue que sus amigos la «requetecontraodien»; al lector, en cambio, le arranca unas carcajadas que la vuelven adorable en su propia «insoportabilidad».

Si Felipe complementa a Mafalda desde la sensibilidad y la conciencia social, Susanita constituye su reverso: donde una indaga en la complejidad del mundo, la otra la reduce al tamaño de su ombligo. Por eso sus tiras funcionan como un espejo y una sátira de vicios persistentes —prejuicios, moral hipócrita, obsesión por las apariencias, narcisismo…—. En ese teatro familiar, Quino vuelve a hacer lo que mejor sabe: transformar los lugares comunes en pensamiento y la risa en una forma de entender —y cuestionar— la realidad.

SNOB

ADELANTE, SUSANITA. ME ALEGRA QUE VENGAS A CONOCER MI CASA

ESTE ES MI PAPÁ, ¿VES?
¿ESTÁ ARREGLANDO EL TOMACORRIENTE, SEÑOR?

NO. LO LLENO DE AZÚCAR, ASÍ LAS HORMIGAS VIENEN Y... ¡¡FFSSSGG!!... ¡SE ELECTROCUTAN!

¿CÓMO ALGUIEN PUEDE ASUSTARSE DE UNA IDEA TAN BUENA?
¡BAM!

MI MUÑECO ES MUY INTELIGENTE; APRETÁNDOLE LA BARRIGA DICE "MAMÁ"

DEBE SER EXTRANJERO, ¿NO?
NO SÉ. ¿POR?

PORQUE, SI FUERA DEL PAÍS, AL APRETARLE LA BARRIGA...

...GRITARÍA: "¡HUELGA!"

¿QUÉ VAS A SER CUANDO LLEGUES A GRANDE, SUSANITA?

¡VOY A SER MADRE!

TU PAPÁ ES MUY ORIGINAL PARA ECHARSE A DESCANSAR

¿NO TE PARECE, SUSANITA, QUE VIVIMOS EN UN MUNDO MUY COMPLICADO?

A MÍ ME RESULTA MUY SENCILLO, ES UN MUNDO DE PADRES E HIJOS

TODOS LOS HABITANTES DEL GLOBO SON PADRES O HIJOS DE ALGUIEN ¡Y ESO ES TODO!

ESTA NENA ME HACE SENTIR VIEJA

¿HAS VISTO ALGUNA VEZ UN MUÑECO TAN INTELIGENTE COMO EL MÍO, MANOLITO?
MA-MÁ
105

$

¡ESTOY HARTA DE COMUNISMO Y CAPITALISMO! ¿POR QUE NO PODREMOS VIVIR EN UN MUNDO SIN OPCIONES? ¡DETESTO LAS OPCIONES!
110

HOLA
HOLA

¿VOS A QUIÉN QUERÉS MÁS: A TU MAMÁ O A TU PAPÁ?

PRIMERO VOY A SER UNA SEÑORA, ¿NO? DESPUÉS VOY A TENER HIJITOS

LUEGO COMPRARÉ UNA CASA GRANDE, GRANDE, GRANDE Y UN AUTO MUY LINDO Y DESPUÉS JOYAS Y LUEGO TENDRÉ NIETITOS

Y ESA SERÁ MI VIDA. ¿TE GUSTA?
SÍ; EL ÚNICO DEFECTO...

...ES QUE ESO NO ES UNA VIDA; ¡ES UN ESCALAFÓN!

TENER HIJITOS ESTÁ MUY BIEN, SUSANITA, PERO LOS TIEMPOS CAMBIAN

¡ADEMÁS DE SER MADRE, HOY LA MUJER DEBE CONTRIBUIR AL PROGRESO, HACER COSAS IMPORTANTES!
¡TENÉS RAZÓN!

¡DESDE MAÑANA MISMO APRENDERÉ A JUGAR AL BRIDGE!

¿QUÉ PASA?... ¿ACASO NO JUEGAN AL BRIDGE LAS SEÑORAS IMPORTANTES?
¡DIOS MÍO!

¿A CUÁNTO VENDÉS LOS CARAMELOS, MANOLITO?
A DOS PESOS CADA UNO

¿Y NO HAY DESCUENTO PARA UNA FUTURA MADRE?

¿FUTURA MADRE? ¿DÓNDE ESTÁ LA FUTURA MADRE?

¡LO MALO DE ESTE PAÍS ES QUE LA GENTE NO TIENE VISIÓN PARA IMAGINAR EL FUTURO!

¿QUÉ ES ESE RECORTE DE DIARIO, MAFALDA?
LA FOTO DE UN COHETE ATLAS

¿NO TE EMOCIONA? ¡ES COMO TENER EL FUTURO EN LA MANO!
¡ES CIERTO, SÍ!..

¡ES REALMENTE EMOCIONANTE! ¡PARECE UN LÁPIZ DE LABIOS!

¿QUÉ PASA? ¿NO VAS A USAR LÁPIZ DE LABIOS CUANDO SEAS GRANDE? ¿NO TE EMOCIONA ESE FUTURO?
¡DIOS MÍO!

¡TOMÁ!... ¡Y A VER CUÁNDO APRENDÉS A ESCRIBIR!
GRACIAS, FELIPE
124

¿QUÉ TE ESCRIBIÓ FELIPE EN ESE PAPELITO?
UNA DE LAS COSAS QUE TENGO QUE HACER EN MI VIDA

COMO NO QUIERO OLVIDAR TODAS LAS COSAS QUE TENGO QUE HACER EN MI VIDA, A MEDIDA QUE SE ME VAN OCURRIENDO LE PIDO A FELIPE QUE ME LAS ANOTE
¿Y ESO LO ENOJA?

SÍ

¿SABÍAS, MAFALDA? ¡MI HIJITO SERÁ MÉDICO!
125

Y CUANDO YO PASE LA GENTE DIRÁ: "¡AHÍ VA DOÑA SUSANITA, LA MADRE DEL DOCTOR HIJO DE DOÑA SUSANITA!"

¡Y TODO EL MUNDO SE ENFERMARÁ DE ENVIDIA... Y MI HIJITO SE HARÁ MUY RICO CURANDO LA ENVIDIA!

¿CUÁNTO CREES QUE PUEDE LLEGAR A GANAR POR MES UN BUEN ENVIDIÓLOGO?

¿TE CONTÉ QUE MI HIJITO SERÁ MÉDICO?
¡DIOS MÍO! ¡ESTA Y SU HIJITO!... ¡NO LA AGUANTO!
130

¿TE LO IMAGINÁS CUANDO PASE EN SU AMBULANCIA "ALFA-GIULIA" SÚPER SPORT?

¡ESO YA ES DEMASIADO! ¡ES EL COLMO!

¿DEMASIADO? ¡AAAH! PARA LOS ENFERMOS POBRES ES DEMASIADO, ¡SÍ! PARA ELLOS DEBERÁ TENER OTRA, MÁS ORDINARIA...

¡NO ES POSIBLE QUE TU ÚNICA AMBICIÓN SEA SER MADRE, SUSANITA! ¿NO PENSÁS SEGUIR NINGUNA CARRERA?
132

NO SE ME HABÍA OCURRIDO, PERO AHORA QUE ME LO DECÍS VEO QUE NO ES MALA IDEA
DA MUCHO PRESTIGIO ESO DE HACERSE VER DE VEZ EN CUANDO POR EL HIPÓDROMO Y SALIR LUEGO EN LAS FOTOS DE LOS DIARIOS
?

"LA SEÑORA DOÑA SUSANITA CLOTILDE, EN COMPAÑÍA DE SU HIJITO, SIGUIÓ CON SUMO INTERÉS LA 7.ª CARRERA."
¡ÉSTA ES PEOR QUE LA SOPA!

¿TE GUSTA, SUSANITA? ¡ME LO REGALÓ MI MAMÁ!
¡AH! ¿UN NEGRITO?
134

SÍ, ¿POR QUÉ? ¡NO VAS A DECIRME QUE TENÉS PREJUICIOS RACIALES!...
¿YO? ¡POR SUPUESTO QUE NO!

SI SOMOS TODOS IGUALES, ¿CÓMO VOY A TENER PREJUICIOS RACIALES?
¿ADÓNDE TE VAS?

A LAVARME EL DEDO
@QUINO

¿QUÉ TE PREOCUPA, SUSANITA?
149

EL CONTROL DE LA NATALIDAD

BUENO, PERO ESO...
¡"PERO ESO" UN PEPINO!
@QUINO

¡YO QUIERO SER UNA MADRE DESCONTROLADA!

...TODAS SE PROBABAN EL ZAPATITO, PERO A LA QUE NO LE QUEDABA CORTO, LE APRETABA DE ACÁ, O DE ALLÁ...
162

...ENTONCES EL PRÍNCIPE, VIENDO QUE NADIE PODÍA CALZAR AQUEL DELICADO ZAPATITO...

¡ABRIÓ UNA SUCURSAL DEL DR. SCHOLL!

¡QUÉ POCA VISIÓN COMERCIAL!
©QUINO

NO TE PREOCUPÉS, YA SE TE PASARÁ ESE HIPO. ADEMÁS EL HIPO NO DESMERECE A NADIE, ¿NO HAS OÍDO HABLAR DE LAS HIPOTECAS?
¡HÍP!
169

LAS HIPOTECAS SON UNOS LUGARES EN LOS QUE SE GUARDAN HIPOS. LOS HIPOS MÁS FAMOSOS DE LA HISTORIA SE ENCUENTRAN ALLÍ: HIPOS DE COLÓN, DE VERDI...

...HAY UN CURIOSO HIPO QUE CONTRAJO NAPOLEÓN, DE TANTO DECIR: "EGIPTO". LUEGO HAY UN HIPO DE "CHÉSPIR", Y OTROS DE...

©QUINO
¿Y TU HIPO, MANOLITO?
¡SUSANITA ACABA DE CORTÁRMELO!

¿CUÁNTO GANA TU PAPÁ?
NO SÉ, ¿Y EL TUYO?

TAMPOCO SÉ; PERO GANA MÁS QUE TU PAPÁ
¡SI NO SABÉS CUÁNTO GANA NINGUNO DE LOS DOS, NO PODÉS AFIRMAR ESO!

¡NO ES CUESTIÓN DE AFIRMAR NADA, SINO DE NO ESTROPEAR MI ESQUEMA!

DECIME, MANOLITO, ¿CUÁNTO GANA TU PAPÁ?

Y..., PUES..., BUENO..., ...EL ALMACÉN NO DEJÁ MUCHO MARGEN..., ¡EN FIN!...TODO ANDA TAN MAL HOY EN DÍA...

¡YA ME PARECÍA!... ¡ENTONCES, MI PAPÁ GANA MÁS QUE TU PAPÁ!

¡JHÁ!

¿TE MOLESTA QUE TE PREGUNTE CUÁNTO GANA TU PAPÁ, FELIPE?
¡NO, POR SUPUESTO!

¡NO VOY A MOLESTARME PORQUE ME PREGUNTES ESO!...

¿CUÁNTO GANA?

¡TAMPOCO VOY A MOLESTARME EN CONTESTARTE ESO!...

¡CUANDO SEA GRANDE QUIERO TENER MUCHOS VESTIDOS!
¡Y YO MUCHA CULTURA!

¿TE LLEVAN PRESA POR SALIR A LA CALLE SIN CULTURA?
NO

¡PROBÁ SALIR SIN VESTIDO!...

ES MUY TRISTE TENER QUE PEGARLE A ALGUIEN QUE TIENE RAZÓN

¡DIOS MÍO! ¡PASADO MAÑANA ES EL DÍA DE LA MADRE Y YO NO SÉ QUÉ REGALARLE A MI MAMÁ!
YO A LA MÍA LE REGALARÉ UN PAÑUELITO
185

¡DICHOSA VOS, QUE TENÉS EL PROBLEMA RESUELTO!

GRACIAS POR TU OPTIMISMO

©QUINO

AYER ESTUVE EN PENITENCIA POR COMER BOMBONES SIN PERMISO
190

CUANDO A MÍ ME PONEN EN PENITENCIA PIENSO QUE SE VA A QUEMAR LA CASA Y YO VOY A SALVAR A MIS PAPÁS, Y ELLOS VAN A PEDIRME PERDÓN LLORANDO

MAFALDA, ¿NO VISTE POR AQUÍ UNA CAJA DE FÓSFO...
SÍ, TOMÁ, LA TENGO YO

¿DE QUÉ HABLÁBAMOS?
©QUINO

¡CONTAME, MAFALDA, CONTAME!... ¿SUFRIÓ MUCHO TU PAPÁ EN EL SILLÓN DEL DENTISTA?

NO... PORQUE EL DENTISTA TIENE TORNO ULTRASÓNICO, QUE NO HACE DOLER

ASÍ QUE NO SINTIÓ ABSOLUTAM
?

¿A QUIÉN PUEDE INTERESARLE UNA HISTORIA EN LA QUE EL PROTAGONISTA NO SUFRE?

¡SUSANITA HA CONTADO TANTAS VECES SU GASTADO CUENTO!...
...Y EL PRÍNCIPE TOMÓ EN SUS BRAZOS A CENICIENTA Y BAILÓ CON ELLA TODA LA NOCHE...

...LÓ CON ELLA TODA LA NOCHE, ...LÓ CON ELLA TODA LA NOCHE, ...LÓ CON ELLA TODA LA NOCHE, ...LÓ CON ELLA TODA LA NOCHE,

TIC TIC

...HASTA QUE EL RELOJ DIO LAS DOCE; ENTONCES CENICIENTA...........
¡HA CONTADO TANTÍSIMAS VECES SU RAYADO CUENTO!...

ADIÓS, CHICAS
ADIÓS, FELIPE

ESTE FELIPE ES MUY BUENO, ¿NO?
¿ES DE GRAN ACEPTACIÓN EN EUROPA Y ESTADOS UNIDOS?

¿Y ESO? ¿A QUÉ VIENE?

A QUE NADA ES BUENO SI NO ES DE GRAN ACEPTACIÓN EN EUROPA Y ESTADOS UNIDOS

¡NO ES POSIBLE QUE SOLO TE INTERESE SER MADRE Y AMA DE CASA, SUSANITA!

HOY EN DÍA, LA MUJER ESTÁ LLAMADA A OCUPAR UN LUGAR CADA VEZ MÁS IMPORTANTE

MAÑANA MISMO COMIENZO UN RÉGIMEN CONTRA LA IMPORTANCIA

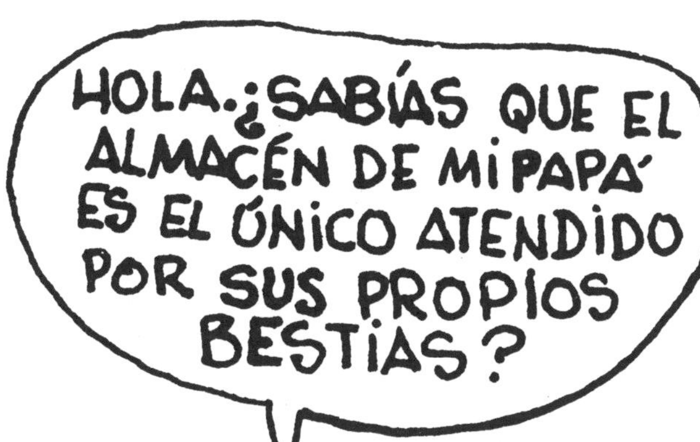

HOLA. ¿SABÍAS QUE EL ALMACÉN DE MI PAPÁ ES EL ÚNICO ATENDIDO POR SUS PROPIOS BESTIAS?

NO ES CUESTIÓN DE HERIR SUSCEPTIBILIDADES, SINO DE MATARLAS

VEO QUE SOS
BUENA PERDEDORA,
SUSANITA

OTROS,
CUANDO PIERDEN...,
¡HAY QUE VER
CÓMO SE PONEN!

¡SÑÍG!

¡MALDITO SEA!...
¡CON LO BIEN QUE
ME ESTABA SALIENDO
LA HIPOCRESÍA!...

ANOCHE SOÑÉ QUE
MI MAMÁ HABÍA
ESTUDIADO UNA
CARRERA

¿Y HABÍA IDO A
LA FACULTAD,
Y TODO?
CLARO

¿Y HABÍA
CONSEGUIDO
NOVIO, Y TODO?
¿NOVIO? ¡NO!

¿ASÍ QUE
HABÍA IDO A
LA FACULTAD,
Y NADA?

¿LES HE DICHO ALGUNA VEZ QUE CUANDO SEA GRANDE VOY A TENER HIJITOS?

¡NOS LO HAS DICHO MIL VECES!

¡ME ENCANTA HABLAR DEL ASUNTO CON GENTE TAN BIEN INFORMADA!

¿TE HAS ENTERADO, SUSANITA? ¡DENTRO DE TREINTA AÑOS LOS HABITANTES DE LA TIERRA VAMOS A SER SIETE MIL MILLONES!

¡SANTO DIOS! ¿Y MIS HIJITOS?

TUS HIJITOS, ¿QUÉ?

¿CABRA'N?...

¡SOPA!

¿POR QUÉ DECÍS MALAS PALABRAS, SUSANITA?
¡POR EL MALDITO ASUNTO DE LA SUPERPOBLACIÓN!

¡¿AHORA VOS CON ESA CUESTIÓN?! PERO ¿QUÉ DIABLOS TIENE DE MALO QUE DENTRO DE UNOS AÑOS EL MUNDO TENGA MÁS HABITANTES?... ¿EH?

¡QUE ENTRE TANTA GENTE, LOS INDIVIDUALISTAS VAMOS A ANDAR DE PARAMALES!

¡TRAIDORA! ¡ME METISTE EN LA CABEZA EL PROBLEMA DE LA SUPERPOBLACIÓN MUNDIAL, Y AHORA TE DESPREOCUPÁS DEL ASUNTO!
¡QUÉ LATOSA! ¡DIOS MÍO!

¡PARA QUE SEPAS: CUANDO EL MUNDO ESTÉ SUPERPOBLADO VAN A FALTAR LOS ALIMENTOS!

EL DIARIO
ESCASEZ MUNDIAL DE SOPA
TRATOSE EL PROBLEMA EN LA UN

?
¡ÚÚÚJHUU!

LO MALO DEL DEDO ÍNDICE ES QUE NO SIRVE PARA LLEVAR ANILLO

ADEMÁS, ES ÚTIL PARA DECIR "NO"...
227

...PERO MIRÁ LO RIDÍCULO QUE RESULTA PARA DECIR "SÍ"

¡NI PARA ANILLO, NI PARA DECIR "SÍ"! ¡NO ES UN DEDO MUY CASAMENTERO, QUE DIGAMOS!...

¡OH! ¡QUÉ PLANTA MÁS DIVINA!...
228

TU PAPÁ TIENE MUY LINDAS PLANTAS, MAFALDA

SON TODAS DE PLÁSTICO, ¿VERDAD?

DEME ALGO EFICAZ CONTRA "SHOCKS" HEPÁTICOS

¿ASÍ QUE TU HERMANO ACABA DE DEJAR LA VIDA MILITAR? ¡CONTAME ALGO DE ÉL, MANOLITO, QUERIDO!

¿LAS CHICAS DE LA SOCIEDAD LO INVITABAN A SUS FIESTAS DE 15 AÑOS, Y ÉL BAILABA, CON SU HERMOSO UNIFORME DE CADETE?

MI HERMANO NO ERA CADETE, ¡ERA CONSCRIPTO!

¡QUÉ ASCO!...

¡TAN CONTENTO QUE ESTABA MANOLITO PORQUE SU HERMANO SALIÓ DEL SERVICIO MILITAR!...
¿Y QUÉ PASÓ?

QUE SUSANITA LE DIJO QUE ERA UN ASCO TENER UN HERMANO QUE FUE CONSCRIPTO
¡LA TARADITA!...

¿QUÉ HARÍA ENTONCES SUSANITA EN ISRAEL, DONDE LAS MUJERES HACEN EL SERVICIO MILITAR?

¡SERÍA ANTISEMITA!

TU HERMANO HABRÁ SIDO BUEN CONSCRIPTO, PERO... ¿QUÉ QUERÉS? ¡A MÍ NO ME GUSTAN LOS CONSCRIPTOS!
(NO LE HAGÁS CASO, MANOLITO. NOSOTROS TE APOYAMOS)
235

¡LOS CONSCRIPTOS SON PELADOS Y FEOS!

¡AAAAAAAAAAH!
¡CLARO! ¡A ELLA LE GUSTAN ESOS TARADOS PELUDOS DE LOS BEATLES!

¡¡EPA!!.....
QUINO

CUANDO SEA GRANDE VOY A CONSEGUIRME UNA BECA PARA CONOCER EL JAPÓN
242

UN PAÍS QUE FABRICA TANTAS COSAS LINDAS DEBE SER ALGO FANTÁSTICO, ¡SÍ SEÑOR!
¡ADEMÁS, LOS JAPONESES TIENEN SIEMPRE MUCHOS HIJITOS!

¡YA SALIÓ ÉSTA CON LOS HIJITOS!...

¡PARA QUE SEPAS: EL JAPÓN ES LO QUE ES, GRACIAS A SU PRODUCCIÓN HIJÍCOLA!
QUINO

¡ES MUY LINDO!... ¿ME LO PRESTAS?
261

¡PEATONA!

¿TE ENTERASTE? ¡MAFALDA ATROPELLÓ CON SU TRICICLO A FELIPE Y LO TIRÓ DE CABEZA!
267

¡CÓMO! ¿LLEGUÉ TARDE? ¿NO ESTABAS TIRADO EN EL SUELO, DESANGRÁNDOTE?
¡NO, YA ME LEVANTÉ Y ESTOY LO MÁS BIEN!

¡ESTO ES BURLARSE DE LA HONESTA MORBOSIDAD DE UNO!

¿QUIEREN QUE LES CUENTE "LA CENICIENTA"?

¡NO! ¡NO!

BASTABA UNO SOLO. ¡NO HABÍA POR QUÉ HACÉRMELO ESCUCHAR EN "ESTÉREO"!

TE AVISO QUE MANOLITO ESTÁ APRENDIENDO A JUGAR AL BALERO Y ES UN DESASTRE
¡MIRÁ!

¡AH! ¡QUÉ BONITO!... ¡LINDA MANERA DE QUERER A TUS AMIGOS! ¡SI QUISIERAS A TUS AMIGOS, LOS DEFENDERÍAS!

¡PORQUE A LOS AMIGOS HAY QUE DEFENDERLOS, ¿ENTENDÉS?!

... Y NO VENIR A AVISARLES CUANDO YA ES TARDE, ¡ESTÚPIDA!

HOLA, MAFALDA. VENGO A PRESTARTE ALGUNAS REVISTAS
277

¡GRACIAS POR TU AMABILIDAD, SUSANITA! ¡SON MUY LINDAS!

¡PST!

¿NO TE AMARGA UN POQUITO SABER QUE NO SON TUYAS?

UNOS DÍAS MÁS Y EMPEZAREMOS A IR A LA ESCUELA
308

¿TE DAS CUENTA, SUSANITA? ¡APRENDEREMOS A LEER, A ESCRIBIR, A HACER CUENTAS!

¿NO TE PARECE MARAVILLOSO?
SÍ... POR UNA PARTE, SÍ...

PERO POR OTRA, ES TRISTE ECHAR AHORA POR LA BORDA TODA UNA VIDA DEDICADA AL ANALFABETISMO

AL FIN DE CUENTAS NO SÉ PARA QUÉ HAY QUE IR A LA ESCUELA..
313

¡SI TODO EL MUNDO DICE QUE LA VIDA ES LA MEJOR ESCUELA!...¿PARA QUÉ IR A OTRA, DIGO YO?...¿NO APRENDEMOS TODO, EN LA VIDA?¿QUÉ TIENE DE MALO ESTA ESCUELA DE LA VIDA?

¡QUE LAS FIESTAS DE LOS EGRESADOS SON SIEMPRE UN VELORIO!
QUINO

¿HICISTE LA PÁGINA DE PALOTES QUE PIDIÓ LA MAESTRA PARA MAÑANA, SUSANITA?
¡NO! ¡LA MAESTRA ESTÁ LOCA!
321

¡O SORDA!... ¡PARECE QUE ELLA NO OYE DECIR A TODO EL MUNDO QUE EN ESTE PAÍS NADIE QUIERE TRABAJAR!

¡UN RENGLÓN, VAYA Y PASE!...¿PERO A QUIÉN SE LE OCURRE PEDIR UNA PÁGINA ENTERA DE PALOTES EN UN PAÍS DONDE LA GENTE NO QUIERE TRABAJAR?

¡CON MAESTROS ASÍ JAMÁS VA A ADELANTAR ESTE PAÍS!
QUINO

¡MIRÁ, SUSANITA, SI TENÉS ALGO CONMIGO DECÍMELO DIRECTAMENTE Y LISTO!
326

¡¡TE LO DIGO, SÍ SEÑOR!! ¡¡CLARO QUE TE LO DIGO!! ¿SABÉS QUÉ PASA CON VOS?

¡QUE SOS UN BESTIA!

¡JHA'!... ¿SUTILEZAS A MÍ?

HE SABIDO QUE TUS RELACIONES CON MANOLITO NO ANDAN MUY BIEN, SUSANITA
¡AH! ¿YA TE FUE ESE CON EL CHISME? ¡QUÉ TIPO CHISMOSO!... ¡CLARO, NO ME EXTRAÑA!
327

¿CÓMO ME VA A EXTRAÑAR? SI ME CONTÓ LA DE LA LECHERÍA QUE EL PAPÁ DE MANOLITO ANDUVO EN UN ASUNTO MEDIO FEO, POR UNOS PESOS, EN EL CENTRO DE ALMACENEROS, Y A RAÍZ DE ESO TUVO UN LÍO CON LA MAMÁ DE MANOLITO. ¡Y YA SABEMOS LO QUE ES ESA SEÑORA!

... QUE AL HERMANO DE MANOLITO, QUE SEGÚN SUPE, EN MAYO CUMPLE 23 AÑOS, LO CONTROLA EN TODOS LOS GASTOS; ¡Y EL MUY GRANDULÓN, LA NOVIA QUE SE BUSCÓ!... ESA MOROCHITA, QUE EL PADRE VENDE TERRENOS Y VIVIÓ DOS AÑOS EN BRASIL Y QUE ES PARIENTE DE UN TÍO DE MANOLITO QUE EN 1925...

¿CON QUIÉN ESTUVISTE, MAFALDA?
CON EL FBI

¡ZAS! ¡AHÍ VIENE SUSANITA! DESDE QUE ANDA PELEADA CON MANOLITO, ESTAR CON ELLOS ES COMO ESTAR EN LA U.N.
328

HOLA, MAFALDA. ¿HAS OÍDO HABLAR DEL CORCHOANÁLISIS? ES COMO EL PSICOANÁLISIS, PERO SOLO PARA AQUELLOS QUE TIENEN CEREBRO DE CORCHO. ¿SABÉS? YO CONOZCO A UNO QUE DEBERÍA IR AL CORCHOANALISTA

¡VAYA! YO CREÍA QUE HOY HABÍA HUELGA DE IDIOTAS, PERO PARECE QUE SALIERON A TRABAJAR

AUNQUE DUDO QUE U THANT DEBA AGUANTAR LO QUE YO TENGO QUE AGUANTAR

¡ES ABSURDO QUE ESTÉS ENOJADO CON SUSANITA! ELLA TENDRÁ SUS COSAS, PERO ES BUENA AMIGA. Y UNO NO PUEDE ENOJARSE CON BUENOS AMIGOS. Y ADEMÁS...
329

...Y ADEMÁS, ¡CLARO! SI TUVIÉRAMOS A UN JUGADOR COMO PELÉ, NO ANDARÍA ASÍ NUESTRO FÚTBOL. PORQUE CON UN PELÉ NOS COMERÍAMOS CRUDOS AL INTER Y AL REAL MADRID Y AL...

Mi mamá amasa
¿Amasa sola?

Sí, amasa sola y sala la masa
La masa se amasa en la mesa

La masa es sana
Sí, esa masa es sana

LO BUENO DE IR A LA ESCUELA ES QUE UNO YA PUEDE CONVERSAR EN UN NIVEL LITERARIO

HOLA, SUSANITA. ¿HICISTE LOS DEBERES QUE NOS PIDIÓ LA MAESTRA PARA MAÑANA?

NO, PORQUE DESGRACIADAMENTE EN ESTE PAÍS, LA GENTE NO QUIERE TRABAJAR, MAFALDA

LA GENTE NO QUIERE HACER NADA; LA GENTE ES ASÍ. ¿TE DAS CUENTA DE CUÁL ES MI DRAMA?
NO. ¿CUÁL ES?

QUE YO SOY MUY GENTE

Papá fuma su pipa
¿ESO HAY QUE ESCRIBIR?
350

¿Y PARA QUÉ DIABLOS TENEMOS QUE APRENDER A ESCRIBIR ESO, DIGO YO? ¿EHÉ?

¿DE QUÉ NOS SIRVE SABER ESCRIBIR QUE ALGUIEN FUMA EN PIPA, SI EN ESTE PAÍS CASI NADIE FUMA EN PIPA?

¡ASÍ ES COMO LOS QUE ESTUDIAMOS TENEMOS QUE IRNOS LUEGO AL EXTRANJERO A APLICAR ALLÍ NUESTROS CONOCIMIENTOS!...
QUINO

351

¿QUÉ DICE AQUÍ, MANOLITO?
no sé
"NO SÉ"

¿NO? BUENO, NO ME EXTRAÑA, SIEMPRE PENSÉ QUE ERAS UN POQUITO BESTIA

QUINO

ME DIJO EL VERANO QUE PARA LOS DÍAS PESADOS ESTA TEMPORADA SE LLEVA MUCHO LA MUFA AL BIES

Y DIGO YO,
¿AL HOMBRE DE TU
PRÓJIMA SE LE PUEDE
DESEAR?

SÍ, REALMENTE, A ESTE MUNDO SE LO VE ALGO DEMACRADO. ¿CREÉS QUE DE VERDAD ESTÁ ENFERMO?
¡UF!...
355

¿QUÉ SÍNTOMAS TIENE?

LE DUELE EL ASIA

¡BESTIA!
¡MALA ENTRAÑA!
¡OTRA VEZ!
358

¡PELEAR!... ¡LO ÚNICO QUE SABEN ES PELEAR! ¿PARA USTEDES NO HAY NADA MÁS POSITIVO QUE PELEAR?

SEGURO QUE NO, ¿QUÉ TENDRÍA DE POSITIVO JAMES BOND SI NO SE LA PASARA PELEANDO?
¿Y CASSIUS CLAY? ¿QUÉ MÉRITO TENDRÍA CASSIUS CLAY SI NO PELEARA? ¿EHÉ?

¡MARMOTA!
¡PEDAZO DE CRETINA!
¡ASÍ AVANZA LA HUMANIDAD!

NO ENTIENDO QUÉ GUSTO LE SACÁS A PELEARTE CADA DOS POR TRES CON MANOLITO
359

SI GIUSEPPE GARIBALDI NO HUBIERA PELEADO NUNCA, ¿QUIÉN LO CONOCERÍA? ¡NADIE! ¡ABSOLUTAMENTE NADIE!

¡PRIMERA NOTICIA QUE TENGO DE QUE LOS PRÓCERES PELEABAN PARA PROMOCIONARSE!
©QUINO

¿PARA QUÉ CREÉS VOS QUE ESTAMOS EN ESTE MUNDO, SUSANITA?
BUENO..., FRANCAMENTE, NO SÉ........
367

SOLO RECUERDO QUE LA CIGÜEÑA QUE ME TRAJO A ESTE MUNDO DESPEGÓ DE ORLY A LAS 17.22, HORA DE PARÍS, POR SUPUESTO. LUEGO...

...HICIMOS UNA ESCALA EN DAKAR, OTRA EN RÍO, DONDE LE CAMBIARON UNA PLUMA QUE NO VENÍA BIEN, Y FINALMENTE ME DEJÓ AQUÍ

PERO NO SE ME OCURRIÓ PREGUNTARLE PARA QUÉ ME TRAJO
©QUINO

¿Y? ¿QUÉ ME DICEN DE LO DE AYER? ¿VIERON? ¿EHÉÉÉ? ¿VIERON?
¿QUÉ PASÓ AYER?
368

¿QUÉ PASÓ? ¡LO DE SIEMPRE: QUE EN ESTE PAÍS LO ÚNICO QUE SABE HACER LA GENTE ES NO TRABAJAR! ¡QUIÉN TRABAJÓ AYER?
¡NADIE!

¡PARA QUE SEPAS, AYER FUE EL DÍA MUNDIAL DEL TRABAJO Y NO TRABAJÓ NADIE NI AQUÍ NI EN NINGÚN OTRO PAÍS! ¡Y CONSTE QUE ESE DÍA NO LO INVENTAMOS AQUÍ!

¿NO?
¡NO!

¡COMO DE COSTUMBRE! ¡EN ESTE PAÍS LO ÚNICO QUE SABE HACER LA GENTE ES COPIAR COSAS DEL EXTRANJERO!

"NUEVAMENTE SE HALLA REUNIDA EN GINEBRA LA COMISIÓN QUE TRATA DE LOGRAR UN ACUERDO SOBRE DESARME NUCLEAR"
369

¿GINEBRA ES LA CAPITAL DE SUIZA?

NO. ES LA CAPITAL DEL FRACASO

¿CONOCEN EL CUENTO DE LA HORMIGUITA Y EL ELEFANTE? ¡ES GRACIOSÍSIMO! ¡JÁ-JÁ!
CONTALO
¡DALE!
370

RESULTA QUE VA UN ELEFAN...¡JÁ-JÁ!...FANTE POR...¡JÁ-JÁ-JÁ!...POR LA SELVA Y SE...¡JÁ-JÁ-JÁ-JÁ! ...SE ENCUENTRA CON UNA...¡JÁ-JÁ-JÁ-JÁ-JÁ!...CON UNA ¡JÁ JÁ JÁ!...

PENSÁ EN TODOS LOS DÍAS QUE FALTAN PARA QUE SE ACABEN LAS CLASES, Y EN LOS EXÁMENES DE FIN DE AÑO, Y EN TODO ESO

BIEN, ¿CÓMO ERA ESE CUENTO?

RESULTA QUE VA UN ELEFANTE POR LA SELVA Y SE ENCUENTRA CON UNA HORMIGUITA Y ENTONCES LA MIRA Y LE DICE CON SU VOZ DE ELEFANTE:"¡QUÉ CHIQUITA SOS!", ENTONCES...

372

¡ESA ES LA PREGUNTA MÁS ESTÚPIDA QUE HE OÍDO EN TODA MI VIDA, SUSANITA!
374

¡AH! ¿Y CUANDO A VOS SE TE DA POR PREGUNTAR POR QUÉ EL MUNDO TAL COSA Y POR QUÉ LA GUERRA TAL OTRA? ¿EHÉ?

¿ACASO SOLO VOS PODÉS PREGUNTAR? ¿ACASO SOS LA VEDETTE? ¿EHÉ? ¿ACASO NO PUEDO YO TENER MI PREGUNTA? ¿EHÉÉÉ?
¿CUÁL ES TU PREGUNTA, SUSANITA?

¿POR QUÉ EN ESTE PAÍS LOS OBREROS SON MOROCHOS POBRES Y NO RUBIOS, LINDOS Y CON AUTO, COMO EN NORTEAMÉRICA?

¡ESTA MAFALDA!..... ¡DICE QUE MI PREGUNTA ES ESTÚPIDA!
¿CUÁL ES TU PREGUNTA?
375

¿POR QUÉ EN ESTE PAÍS LOS OBREROS SON MOROCHOS POBRES Y NO RUBIOS, LINDOS Y CON AUTO, COMO EN NORTEAMÉRICA?

¿A VOS TE PARECE UNA PREGUNTA ESTÚPIDA?
NO. SI UNO LA PIENSA BIEN, NO ES UNA PREGUNTA ESTÚPIDA

REALMENTE, SI UNO LA PIENSA MUY BIEN, ¡ES UNA PREGUNTA PELIGROSA!

¡CHA-CHÁ-ÁNN ♪ CHA-CHÁ-Á-ÁNN...
♫ AQUÍ VIENE NADA MENOS QUE...
379

¡EL LLANERO SOLTERÓN!

¡SOLITARIO!

VIENE A SER LO MISMO, FELIPE; EN EL FONDO, TODO SOLTERÓN ES UN SOLITARIO

HAY GENTE CAPAZ DE ESTROPEARLE LA FANTASÍA AL MÁS PINTADO

¿POR QUÉ DEMONIOS LOS ADULTOS SE LA PASAN HACIENDO Y DICIENDO COSAS QUE UNO NO ENTIENDE?
ES MUY SENCILLO, SUSANITA
385

CUANDO LLEGÁS AL CINE Y RESULTA QUE YA ESTÁN DANDO LA PELÍCULA, ¿LA ENTENDÉS?
NO

BUENO, CON LOS ADULTOS OCURRE LO MISMO. ¿CÓMO VAMOS A ENTENDERLOS?

¡SI CUANDO NOSOTROS LLEGAMOS, ELLOS YA ESTABAN TODOS EMPEZADOS!

¡ME CONTARON UN CUENTO BUENÍSIMO! RESULTA QUE EL CAPITÁN PREGUNTA AL RECLUTA: "¿SABE NADAR?". "¡SÍ, MI CAPITÁN!", RESPONDE EL RECLUTA; ENTONCES...
391

¡AH, SÍ! ¡LO CONOZCO! LUEGO EL CAPITÁN LE PREGUNTA: "¿Y DÓNDE APRENDIÓ?". "EN EL AGUA", CONTESTA EL OTRO. ¿ES ESE, FELIPE? ¿EHÉ? ¿ES ESE? ¡ES ESE! ¿NO? ¿ES ESE? ¿EHÉ?

¡¡TE REQUETE-CONTRAODIO, SUSANITA!!

Y AL FINAL, NO NOS ENTERAMOS SI ERA O NO ESE

396

CHIF - CHIF - CHIF

¡TOC!
¡TOC!
?

ESTÁ BIEN: ADMITO QUE SOY UN POCO BESTIA

¡ES FANTÁSTICO!
398

ENCONTRARON RESTOS FÓSILES DE UN ANIMAL MUERTO HACE CIEN MIL AÑOS
¡SALUTE! ¡CIEN MIL AÑOS!

¡SNÍG!

¿A QUÉ HORA MURIÓ EL POBRECITO?

TENÉS RAZÓN, MAFALDA; NO PUEDO SER UNA MUJER COMO NUESTRAS MADRES, QUE SE CONFORMABAN CON APRENDER CORTE Y CONFECCIÓN
400

LA NUESTRA ES UNA GENERACIÓN DIFERENTE ¡SOMOS LA GENERACIÓN DE LA TÉCNICA, DE LA ERA ESPACIAL, DE LA ELECTRÓNICA Y TODO ESO!

POR LO TANTO, NO ME QUEDARÉ EN LA GRIS MEDIOCRIDAD DEL CORTE Y CONFECCIÓN ¡JAMÁS! ¡LA CIENCIA ME LLAMA!

¡CUANDO SEA GRANDE ME COMPRARÉ UNA MÁQUINA DE TEJER! ¡ME APASIONA ESO DE LA CIBERNÉTICA!

¡HOY ESTOY CON UN HUMOR DE LOS MIL DEMONIOS!
SIN EMBARGO, PARECÉS MUY CONTENTA, SUSANITA
404

ES QUE NO QUIERO QUE NADIE SE DE CUENTA QUE ESTOY DE MAL HUMOR

¡ENTONCES NO TENDRÍAS QUE DECIRLO!

ESO SERÍA SER HIPÓCRITA. ME EXTRAÑA QUE DEFENDÁS LA HIPOCRESÍA, MAFALDA

ALGÚN DÍA ME SENTARÉ A ANALIZAR QUIÉN ME ENFERMA MÁS: SI SUSANITA O LA SOPA

MIRÁ, ELLA ESTÁ TEJIENDO
408

...Y AHÍ ENTRA EL ESPOSO, PERO ELLA NO LO HA VISTO

¡¡CÓMO, QUERIDA!! ¡¿ESTÁS TEJIEND...?! ¡¡¡QUERIDA!!!...¡¡¡VAMOS A TENER UN BEBÉ!!!

¡ESO ES ABSURDO! ¡MI MAMÁ SE MATA TEJIENDO Y TODO LO QUE CONSIGUE SON PULLOVERES!

ME PARTE EL ALMA VER GENTE POBRE
A MÍ TAMBIÉN

¡HABRÍA QUE DAR TECHO, TRABAJO, PROTECCIÓN Y BIENESTAR A LOS POBRES!

¿PARA QUÉ TANTO? BASTARÍA CON ESCONDERLOS

¡OTRA VEZ SE DESCOMPUSO EL TELÉFONO DE MI CASA! ¡YA ESTOY HARTA DE VIVIR EN UN PAÍS SUBDESARROLLADO!

¿NO TE DUELE UN POCO DECIRLE "SUBDESARROLLADO" AL PAÍS, SUSANITA?

¡Y SI ES UN PAÍS SUBDESARROLLADO! ¿CÓMO QUERÉS QUE LE DIGA? ¿EHÉ? ¿UN PAÍS QUÉ?

UN PAÍS "AMATEUR"

¡ESTE MALDITO ME ESTÁ GANANDO!
421

SEGÚN EL REGLAMENTO, ¿HAY ALGÚN CASO EN QUE SE PUEDA MOVER MÁS DE UNA PIEZA POR VEZ?
SOLO EN EL ENROQUE

¡TOC!

EL REGLAMENTO DEBIERA CONTEMPLAR OTROS CASOS

¡MAFALDA, TENÉS "PULGARCITO"! ¿PUEDO LEERLO?
POR SUPUESTO
422

En una modesta casita vivía una familia muy pero muy pobre.........

¡PAF!
?

¡ME REVIENTA LA LITERATURA TESTIMONIAL!

¡LO QUE NECESITAMOS EN ESTE PAÍS ES SABER APROVECHAR LOS RECURSOS NATURALES!
423

¡TENEMOS A LA VISTA INSOSPECHADOS RECURSOS NATURALES!...

...Y ES HORA DE QUE LOS APROVECHEMOS!

BRILLANTE IDEA, MANOLITO

¿QUÉ ES ESA LIBRETITA, MAFALDA?
NADA... MI DIARIO ÍNTIMO
426

¡TU DIARIO ÍNTIMO? ¡QUÉ BUENO! ¡ME IMAGINO LAS "COSITAS" QUE DIRÁS AHÍ SOBRE MANOLITO, FELIPE Y ETCÉTERA! ¿NO? ¡CONFESÁ! ¿NOOO?

¡PARA QUE SEPAS; EN MI DIARIO NO DIGO NINGUNA "COSITA" SOBRE MANOLITO, NI FELIPE, NI ETCÉTERA!
¿NO?
¡NO!

¿Y NO ACEPTARÍAS COLABORACIONES ESPONTÁNEAS?

(¿NO ES SORPRENDENTE QUE MANOLITO, CON LO BESTIA QUE ES, HAYA ASIMILADO TAN BIEN LOS SECRETOS DEL AJEDREZ?)
¿QUÉ?
432

¡TE COMO EL PEÓN, FELIPE!
¡GOOOOL!

¡GOOOOOOOOOOOOOOOOOOOOLL!

¿QUÉ?
¡NADA!

¿QUÉ LE OCURRE A MANOLITO?
443

COMETIÓ UNA DE SUS BESTIALIDADES EN LA ESCUELA Y SACÓ MALA NOTA

NO DEBERÍA AFLIGIRSE POR ESO. TODOS TENEMOS NUESTRAS BESTIALIDADES DE VEZ EN CUANDO

SÍ, PERO LO MALO DE MANOLITO ES QUE PARECE SER UN BESTIA FULL-TIME

F
F
F
F
444

¡BANG!

@#✳☆!

¿VOS QUÉ OPINÁS, MANOLITO: NACIMOS DENTRO DE UN REPOLLO O NOS TRAJO LA CIGÜEÑA?
447

¡JHA! ¡PERO MIRÁ LO QUE LE VENÍS A PREGUNTAR A ESTE ADOQUÍN!... ¡ESOS TEMAS SON DEMASIADO PROFUNDOS PARA ESTE BESTIA!

ES VERDAD, MIGUELITO. ESO DE NACER Y MORIR NO ME PREOCUPA. A MÍ ME INTERESA LA VIDA, NO LAS PUNTAS DE LA VIDA

¡JHÁ!

AL FIN DE CUENTAS
UN SECRETO DE ESTADO
NO ES OTRA COSA QUE
UN CHISME VENIDO A
MÁS

¡CHISMOSO! QUERIENDO ENTERARTE DE LO QUE DIGO ¿EH? ¡CONFESÁ, CHISMOSO! HACIENDO ESFUERZOS POR LEER, ¿NO? ¿VISTE CÓMO NO SOY YO SOLA?

DECIME, MAFALDA, ¿VOS CREÉS QUE EL HAMBRE EN EL MUNDO SE SOLUCIONARÍA DÁNDOLE UN CARAMELO A CADA PERSONA HAMBRIENTA?
452

A MÍ SE ME OCURRE QUE NO. ¿POR QUÉ LO PREGUNTÁS?

BUENO..., ¡PORQUE TE IMAGINÁS QUÉ LINDO CARGO DE CONCIENCIA, ¿NO?

"La Bondad es algo natural en el hombre"
468

¿Y LA MALDAD? ¿NO ES TAMBIÉN NATURAL?

NO. DEBE DE SER DE ALGUNA DE ESAS FIBRAS ARTIFICIALES QUE ESTÁN TAN DE MODA EN TODO EL MUNDO

469

¡ATCHÍÍSS!

¡RESFRIARME!...
¡ESO ES LO ÚNICO
QUE ME FALTA!...

...ADEMÁS DE INTELIGENCIA,
GRACIA, SENSIBILIDAD,
INGENIO, TACTO, ELEGANCIA,
HABILIDAD, FINEZA, BUEN
GUSTO, SENSATEZ, IMAGI-
NACIÓN, CULTURA, ETCÉTERA

¿CUÁNTA GENTE
ENGRIPADA COMO
NOSOTROS CREÉS
QUE HABRÁ EN EL
MUNDO, MAFALDA?
475

NO SÉ,
SUPONGO QUE
MUCHA. ¿POR
QUÉ?

Y... QUÉ SÉ YO...
SIEMPRE CONSUELA
UN POCO SABER QUE
UNO NO ESTÁ SOLO,
¿NO TE PARECE?

SÍ; AUNQUE
FRANCAMENTE, EN ESTE
CASO NO SÉ PARA QUÉ
CUERNOS PUEDE SER-
VIRNOS EL SINDICALISMO

Fa-Fe-Fi-Fo-Fu fama-febo-fino foca-fuego

Ese roble es fuerte Esa niña es Felisa Ese niño es Fidel

¡ESE NIÑO ES ANTIDEMOCRÁTICO!

HE OÍDO DECIR POR AHÍ QUE LA PRIMAVERA ES LA ESTACIÓN DEL AMOR. ¿VOS CREÉS QUE REALMENTE ES ASÍ?
496

SÍ, YO CREO QUE LA PRIMAVERA ES LA ESTACIÓN DEL AMOR

¿VALE DECIR QUE TENDREMOS QUE ARCHIVAR NUESTROS ODIOS HASTA EL VERANO?

SIN EMBARGO, YO CREO QUE A LA MAESTRA LE VA A GUSTAR MI DIBUJO DE LA VACA. TAN MAL NO ESTÁ. Y SE NOTA BIEN QUE ES UNA VACA, ¿NO?
521

VISTO ASÍ.. ¿EHÉÉ? ¿QUÉ TAL?

¡QUÉ LINDO! ¿ES TUYO ESTO TAN LINDO, MANOLITO?
¡SEP!
©QUINO

¿Y ALGUIEN TE DIO LA IDEA, O SE TE OCURRIÓ A VOS SOLO ESTO DE PROYECTAR EL MONUMENTO A LA MEDIALUNA?

526
HOLA, FELIPE,...ESTEEEE... DECIME, ¿HAS PENSADO YA QUÉ REGALITO VAS A HACERME PARA EL DÍA DE LA MADRE?
¿REGALITO? ¿A VOS? ¿POR QUÉ?

BUENO,... ES ALGO DIFÍCIL DE EXPLICAR; NO SÉ SI ESTÁS PREPARADO PARA OÍRLO,... PERO YA NO PUEDO SEGUIR OCULTÁNDOLO... TENDRÁS QUE HACERME UN REGALITO PORQUE YO... ESTEE... YO...
¿VOS QUÉ?

YO, HIJO MÍO... ¡SOY TU MADRE!

SIN EMBARGO EN LOS TELETEATROS SIEMPRE DA RESULTADO
©QUINO

SUSANITA QUISO HACERME CREER QUE ELLA ES MI MAMÁ, ASÍ MAÑANA YO TENÍA QUE HACERLE UN REGALITO
¿Y VOS QUÉ LE DIJISTE?
527

Y... YO TAMPOCO LE DIJE NADA

¿QUÉ TE PASA, MIGUELITO? ¿ESTÁS ENFERMO?
530

¿ENFERMO? NO...

¿NUNCA OÍSTE ESO DE "CREA FAMA Y ÉCHATE A DORMIR"?
SÍ

BUENO, LA FAMA LA HE DEJADO PARA MÁS ADELANTE

536
LA VERDAD ES QUE MANOLITO TIENE UNA CARA HONESTA, ¡SÍ, SEÑOR! CUANDO LO VEA SE LO VOY A DECIR

PORQUE MIRÁ QUE HAY CARAS HIPÓCRITAS, ¿EH? LA DE MANOLITO, EN CAMBIO, ES UNA CARA FRANCA, ABIERTA, SINCERA...

...QUE DICE SIN TAPUJOS LO BESTIA QUE ES...

PIENSO QUE DEBE DARTE UN POQUITO DE ENVIDIA SABER QUE MI PAPÁ GANA MÁS QUE TU PAPÁ, MIGUELITO. ¿NO PENSÁS LO MISMO?
542

BUENO, NO LO HABÍA PENSADO, PERO PIENSO QUE AL LADO DE LO QUE GANAN LOS BEATLES, NUESTROS PAPÁS GANAN UNA MISERIA

¡QUE SEA LA ÚLTIMA VEZ QUE ME VENÍS CON TUS MALDITOS PENSAMIENTOS!

HOLA, SUSANITA, VENÍA A VER SI PODÍAS PRESTARME TU AGUJA DE ENHEBRAR COLLARES
544

PODRÍA HABERME COMPRADO UNA, PERO LA NECESITO POR ESTA SOLA VEZ Y ME ACORDÉ QUE VOS TENÍAS

ASÍ QUE ME DIJE: BUENO, AL FINAL, ¿PARA QUÉ ESTÁN LOS AMIGOS?
QUINO

¿PARA QUÉ ERA QUE ESTABAN?

552
¡OH-OH! ¡UNA CANA!

¡QUÉ EMOCIÓN! ¡SEGURO QUE ES DE UN EJECUTIVO! ¡LOS EJECUTIVOS TIENEN CANAS EN LAS SIENES!

BUENO... ¿POR QUÉ NO PODRÍA SER TAMBIÉN DE UN POBRE VIEJITO JUBILADO?

PORQUE LA VIDA ES LINDA PARA ARRIBA Y NO PARA ABAJO, ¡ZANAHORIA!
QUINO

AYER SE ME VOLCÓ EL TINTERO SOBRE LA HOJA Y TUVE QUE HACER TODO EL DEBER DE NUEVO
569

¡ME DIO TANTA RABIA QUE EMPECÉ A DECIRME DE TODO: ¡ZANAHORIA! ¡IDIOTA! ¡BOBALICONA!...

¡ESTÚPIDA! ¡IMBÉCIL! ¡¡GAZNÁPIRA!! ¡¡TONTARRONA!! ¡¡INFELIZ!!

¿ES PECADO ENTUSIASMARSE?

¿TENÉS ALGUNA NUEVA REVISTA DE HISTORIETAS PARA PRESTARME, MAFALDA?
576

TENGO ESTA, QUE ME TRAJO MI PAPÁ
"VIDAS EJEMPLARES" ¿Y ESO QUÉ ES?

ES LA VIDA, EN FORMA DE HISTORIETA, DE GENTE QUE HIZO GRANDES COSAS POR EL BIEN DE LA HUMANIDAD

GRACIAS. YO QUIERO ENTRETENERME; NO SENTIRME INTRASCENDENTE

584
"VEO-VEO"
¿QUÉ VES?
UNA COSA
¿DE QUÉ COLOR?

NEGRO

¿EL FUTURO?

¡NO ME HAGAS ACORDAR!...
¡QUÉ TAJO, DIOS MÍO!...
¡QUÉ ESPANTO!...¡CADA
VEZ QUE ME ACUERDO
ME ENTRA UNA COSA!...
586

¡UN TAJO TERRIBLE!...
¡ME ACUERDO Y ME
DESCOMPONGO!...¡UNA
MASACRE EN EL DEDO!...
¡TE JURO QUE ME DESCOM-
PONGO AL RECORD... BUENO, NO
PENSÉS...

¡NO ME
INTERRUMPAS!

¡Y LA SANGRE!...
¡PREFIERO NO ACOR-
DARME!...¡QUÉ MANERA
DE PERDER SANGRE!...
¡NO QUIERO RECORDAR
LA DE SANGRE QUE...

¿QUÉ TE PASÓ EN EL DEDO, SUSANITA?
587

¡AH!, ¿VOS NO TE ENTERASTE?
NO

¡SI VIERAS, FELIPE!... ¡ANTEAYER ME HICE UN TAJO QUE PARA QUÉ TE VOY A CONTAR!¡SI SUPIERAS!...PERO NO, NO; MEJOR NO HABLAR DEL ASUNTO

SÍ, EN REALIDAD, DE ESAS COSAS ES MEJOR NO HABLAR

¡MALDICIÓN!

¡OOOOOOOOYH!
¡QUÉ LINDO! ¿ME LO PRESTÁS?
FFFFFF
590

¿PARA QUÉ? ¿PARA QUE LO ROMPAS? ¡NO, SEÑOR!
¡EEEEH!... ¿QUÉ CLASE DE AMIGA SOS?

AMIGA CLASE "B"

¡CADA DÍA UNA NOVEDAD!

Y SE NOS VA ACABANDO EL AÑO, NO MÁS
ASÍ ES
594

¿CÓMO SERÁ EL AÑO QUE VIENE?

¡MUY VALIENTE, PORQUE COMO ANDA LA COSA, ANIMARSE A VENIR!...
QUINO

¿QUÉ VAS A PEDIRLES A LOS REYES, SUSANITA?
600

BUENO..., NO SÉ... LOS REYES SON TAN BUENOS QUE ME CONFORMARÉ CON LO POCO QUE ELLOS QUIERAN TRAERME

QUINO

¡PERO VERDE, CON BOCINA A PILAS EN EL MANUBRIO Y RUEDITAS A LOS COSTADOS PARA NO CAERME!

BUENO, ¿Y QUÉ LES PEDISTE A LOS REYES, MAFALDA?
603

LA PROSCRIPCIÓN DE LAS ARMAS ATÓMICAS, O ALGO ASÍ; ¡SEGURO!...¡ESTA ANDA SIEMPRE CON ESAS ESTUPIDECES!

UN LIBRO DE CUENTOS, UNA MUÑECA Y UN JUEGO DE ARMAR CASITAS, FELIPE

¿QUÉ HAY, SUSANITA? ¿POR QUÉ CORRÉS?
INTUICIÓN FEMENINA

¿QUÉ? ¿QUE EL COHETUCHO ESE FUNCIONA? ¿COMO LOS DE VERDAD? ¡VAMOS!...
AH, ¿NO? ¡MIRÁ!
609

TIC!

¡JHÁ! ¿Y?

T OC!

?

"GRANDES ONDAS QUE SE PRODUCEN EN LA SUPERFICIE DEL MAR"
OLAS
620

OLAS. ¡MUY BIEN!... ESTE CRUCIGRAMA PROMETE. VEAMOS LA SIGUIENTE...

"HIJO DE SATURNO Y HERMANO DE JÚPITER, CASADO CON PROSERPINA"

EL HIJO DE LA DEL 4º D SE CASÓ CON LA NOVIA DEL HERMANO Y HAY QUE VER LA QUE SE ARMÓ
©QUINO

HOLA, SUSANITA. VENÍA POR AQUELLAS REVISTAS QUE TE PRESTÉ
AH, SÍ. VENÍ, VAMOS A MI PIEZA, QUE LAS BUSCO
622

10 nov. 66
3 ene. 67
17 jul. 66

¿QUÉ TENÉS EN ESTOS FRASQUITOS CON FECHA, SUSANITA?

LÁGRIMAS; ES MI COLECCIÓN DE MALOS RATOS
©QUINO

TODO HA CAMBIADO Y EL MUNDO ES HERMOSO
628

¿QUÉ HA OCURRIDO, SUSANITA? ¿NO MÁS INFLACIÓN? ¿PROSCRIPCIÓN DE ARMAS ATÓMICAS? ¿COMIDA EN LA INDIA? ¿DIJERON ALGO LOS NOTICIOSOS?

¿LOS NOTICIOSOS?

NO, NO CREO QUE ASSOCIATED PRESS, REUTER O ANSA SEPAN TODAVÍA LO DE MIS ZAPATOS NUEVOS

¡EH, MAFALDA! ¿TE MOSTRÉ MIS ZAPATOS NUEVOS?
ME LOS MOSTRASTE AYER, SUSANITA. ¡MUY LINDOS!
629

A VOS LA CUESTIÓN MODAS NO DEBE INTERESARTE GRAN COSA, ¿NO?
SÍ QUE ME INTERESA, ¿POR QUÉ CREÉS QUE NO?

BUENO... NO SÉ... ...POR NADA... ¡EN FIN!... HASTA LUEGÜITO, ¿EH?
HASTA LUEGO

¡LA POBRE TIENE TAN POCA PRESTANCIA MUJERIL!...

LEÍ QUE AMADO NERVO DIJO: "SI HAY UN HUECO EN TU VIDA, LLÉNALO DE AMOR"
SERÍA CUESTIÓN DE DARLE UNA PALA A CUPIDO Y MANDARLO A LA TESORERÍA GENERAL DE LA NACIÓN, ENTONCES

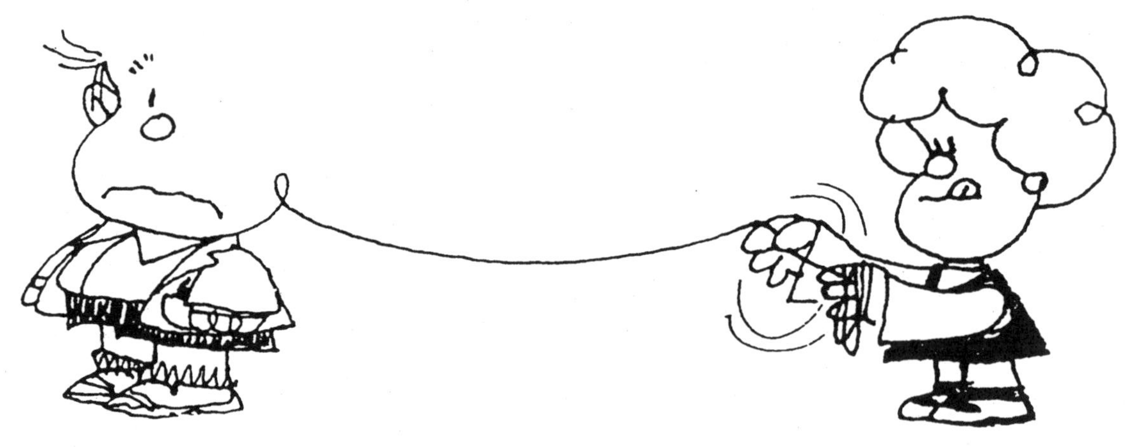

DE TODO ESTE TURRÓN, LA MITAD PARA CADA UNA ¿EH?
BUENO, PERO ¿NO TE VAS A ARREPENTIR?
632

¿ARREPENTIRME? ¡POR FAVOR!...
¡TROC!

¡EN FIN!... BIEN DICEN QUE PARTIR ES MORIR UN POCO

633

¿A CUÁNTO ESTÁ HOY LA LECHUGA, MIGUELITO?

¡Y PENSAR QUE EN ESTE MISMO MOMENTO, EN ALGÚN LUGAR DEL MUNDO, SE ESTÁN DISPARANDO BALAS QUE NO VAN A PEGARLE A NADIE! ¡QUÉ DESPERDICIO!

¡BOTARATE!
639

NO TE ENOJES, MANOLITO, ¿ACASO CUANDO SEAS GRANDE NO VAS A TENER UNA CADENA DE SUPER-MERCADOS Y A SER TODO UN EJECUTIVO?
¡SÍ! ¿Y?

Y BUENO, UN EJECUTIVO DEBE TENER SENTIDO AUTOCRÍTICO. Y SI YO TE INSULTO ES PARA AYUDARTE A AMPLIAR TU VOCABULARIO, ASÍ PODRÁS AUTOCRITICARTE MEJOR, ¿COMPRENDES?
COMPRENDO

¿COMPRENDO?

¡HABLEMOS DE VERANEO, MAFALDA! ¡ME ENCANTA HABLAR DE SALIR A VERANEAR!... ¡CHARLAR DE LOS PREPARATIVOS!...
643

¡COMENTAR LAS EMO-CIONES DEL VIAJE!... ¡ME PASARÍA LA VIDA HABLANDO DE TODO ESO Y DE NADA MÁS QUE DE TODO ESO!

PORQUE, ¿SABÉS? ¡LA SEMANA QUE VIENE ME VOY DE VERANEO!
¡QUÉ CASUALIDAD!

YO TAMBIÉN, SUSANITA
¿AH, SÍ?

MI TÍA CLARITA SE QUEDÓ SIN MUCHACHA, ADEMÁS TIENE REUMA Y UN HIJO EN VENEZUELA Y HOY EN CASA SE DESCOMPUSO LA T.V. ¿AUMENTÓ EL PAN? LEÍ QUE DORIS DAY...

VOS, A LOS LAGOS DEL SUR; YO, A LA PLAYA... ¿NO ES MARAVILLOSO ESO DE IRSE POR AHÍ A VERANEAR?
645

PORQUE... HAY QUE VER QUE **NO CUALQUIERA** PUEDE PAGARSE UN VERANEO ¡¡NNO-NNO-NNO!!

¡AH! ¿Y ESO TE PARECE MARAVILLOSO? ¡PENSALO! ¿ES PARA ALEGRARSE? ¿EHÉ?

¡QUÉ QUERÉS!... ¡YO LO PIENSO... ¡¡Y TE JURO QUE ME AGARRA TODO POR AQUÍ UN STATUS!!...
©QUINO

¿ASÍ QUE MAÑANA SALÍS DE VERANEO PARA LOS LAGOS DEL SUR? ¡QUÉ BUENO!
SÍ, MI MAMÁ FUE ALLÁ CUANDO SE CASÓ Y DICE QUE ES MUY LINDO
646

¡¡ES QUE CUANDO UNO SE CASA, DEBE SER TODO TAN HERMOSO!!... ¿EHÉÉ, FELIPE?

¡¡NOOOOOOOOO
¡TUMP!

¡JAH!... ¡ESTE FELIPE!... ESTUVO GRACIOSO, ¿NO? ¡EL MUY BOBO NO SE DIO CUENTA QUE LO DIJE EN BROMA!

©QUINO

¿Y POR QUÉ JUSTAMENTE YO TENGO QUE IR A LA ESCUELA? ¡SI LO ÚNICO QUE PRETENDO DE LA VIDA ES CASARME Y TENER HIJITOS!
663

SI SOLO ME ENSEÑARAN A LEER Y SACAR CUENTAS... ¡BUENO!...ES ÚTIL PARA CUANDO VAYA A HACER LAS COMPRAS

PERO ¿Y TODO LO DEMÁS? ¡DÍGANME! ¿DE QUÉ ME SIRVE TODO LO DEMÁS? ¡A VER!

¡ALGUIEN QUE ME EXPLIQUE CÓMO CONGENIAR PRÓCERES CON RAVIOLES!
QUINO

NO HAY QUE AMARGARSE PORQUE EMPIEZAN LAS CLASES, MANOLITO. ES POR NUESTRO BIEN QUE DEBEMOS ESTUDIAR
¡SERÁ, PERO CUESTA!
664

CUESTA, SÍ; PERO ESO ES LO BUENO: LIBRAR LA BATALLA CONTRA LA IGNORANCIA...¡Y VENCERLA!

BUENO, PERO LA POSICIÓN DE MANOLITO ES BASTANTE PECULIAR EN ESA BATALLA

HAY QUE COMPRENDER QUE EL POBRE LLEVA EL ENEMIGO SOBRE LOS HOMBROS
¡TOC! ¡TOC!
QUINO

670
VIMOS QUE TE TOCÓ UNA MAESTRA JOVEN, FELIPE. ¿QUÉ TAL ES?
¿MMMHH?

704
¡TU MAESTRA! ¿QUÉ TAL ES TU MAESTRA?

¡MMMMMMMHHH!

¡LO QUE NOS FALTABA! ¡¡QUE ESTE ESTÚPIDO SE PASE AL SECTOR PATRONAL!!

¡SOS UN PAPANATAS, FELIPE!... ¡MIRÁ QUE ENAMORARTE DE TU MAESTRA!... ¡ESA ES DE LAS QUE SON LINDAS POR FUERA!
671

¡PORQUE LA GENTE SE DIVIDE EN LINDOS POR FUERA...

... ¡Y LINDOS POR DENTRO!

BUENO..., TAMBIÉN ESTAMOS LOS LINDOS REVERSIBLES

¡JÁH!...¡ASÍ QUE TE HAS ENAMORADO DE TU MAESTRA, ¿EH? ¡PUES YO ME RÍO! ¿VES? ¡JÁH! ¡JÁH!
672

¡SOS UN PAPANATAS Y TE ODIO!

¡MCHUiiiK!

¡ESTÚPIDO!
¡SÑÍG!

LOS OTROS DÍAS LEÍ EN EL DIARIO CÓMO FUNCIONA LA CAJA DE CAMBIOS DEL "FORD-LOTUS" Y TAMPOCO ENTENDÍ UN PITO
©QUINO

677

ACABO DE ENCONTRAR ALGO QUE SE TE CAYÓ DE LA CABEZA, MIGUELITO
¿DE LA CABEZA?... ¿QUÉ ES?

ESTO; TENDRÁS QUE CUIDARTE DURANTE EL OTOÑO PARA NO QUEDARTE CALVO

¡JHÁ-JHÁ JHÁ-JHÁ!...

©QUINO

684
TENGO UNA ADIVINANZA
VEAMOS

"UNA SEÑOR
¡LA LUNA!

¡VOS LA SABÍAS, PERO ELLA NO! ¿NO PODÍAS CALLARTE?

¿PARA QUÉ? TARDE O TEMPRANO, ALGUIEN LE HUBIERA VENIDO CON EL CHISME

¿SABÉS, MANOLITO? ESTABA PENSANDO...
¿EN QUÉ?
686

EN QUE SI JUNTAMOS TOOOOOOODO LO QUE HICISTE EL AÑO PASADO EN LA ESCUELA...

...Y A ESO SUMAMOS...

....TOOOOOOODO LO QUE HAS HECHO EN ESTAS SEMANAS QUE VAN DE CLASES...

...MÁS O MENOS POR ESTOS DÍAS DEBES ESTAR POR CUMPLIR TUS BESTIALIDADES DE PLATA, ¿NO?

"BIEN, QUERIDOS AMIGUITOS, HOY CONTINUAREMOS HABLANDO SOBRE EL HOMBRE PRIMITIVO: EL HOMBRE PRIMITIVO RENDÍA CULTO AL FUEGO, A LA LLUVIA, AL TRUENO..."
693

"...EN FIN, DIVINIZABA TODO AQUELLO QUE LE RESULTABA INEXPLICABLE, QUE SU MENTE ERA INCAPAZ DE COMPRENDER"...

¡ZAS! ¡YA LO VEO A ÉSTE, DIVINIZANDO TODO LO QUE ENSEÑAN EN LA ESCUELA!

¿QUÉ HARÍAS SI DE PRONTO APARECIERA UN PLATO VOLADOR?
¿EH, SUSANITA?
697

¿QUÉ HARÍAS SI SERES DE OTRO PLANETA BAJARAN E INTENTARAN LLEVARNOS A SU MUNDO?

¡NO HARÍA NADA! ¡PORQUE NO CREO QUE NADIE VIVA EN OTRO PLANETA, NI QUE NADIE BAJE PARA LLEVARNOS A NINGÚN MUNDO, NI CREO NADA DE ESAS ESTUPIDECES! ¿ENTENDÉS?

NECESITO QUE ME ACONSEJES, MAFALDA
VEAMOS DE QUÉ SE TRATA, SUSANITA
700

DECIME..., ¿QUÉ PUEDO HACER CON UNA PERSONALIDAD TAN INTERESANTE COMO LA MÍA?

701

CUANDO SEA GRANDE VOY A CASARME CON UN INDUSTRIAL QUE TENGA MUCHOS, PERO MUCHOS MILLONES
717

PERO LUEGO, EN UN VIAJE POR NEGOCIOS, ÉL SE ESTRELLARÁ CON SU AVIÓN PARTICULAR Y YO QUEDARÉ VIUDA... ¡DIOS MÍO!

¡BUÁÁÁ!...

¡SÑIF!

AY-AY-AY... ¡QUÉ VIDA ESTA!

719
AQUÍ DICE QUE UN CONFLICTO NUCLEAR PODRÍA PROVOCAR LA MUERTE DE UNOS 700 MILLONES DE PERSONAS

¿700 MILLONES DE PERSONAS TODAS JUNTAS MUERTAS AL MISMO TIEMPO?
ASÍ PARECE

¡QUÉ ASCO!;EN SEMEJANTE PROMISCUIDAD, QUIÉN SABE QUÉ GENTUZA LE TOCA A UNO COMO COMPAÑERA DE MASACRE!

MI TÍA CLARITA TIENE UNAS TAZAS CHINAS, PARA TÉ, ¡DIVINAS!

SON DE CUANDO LOS CHINOS HACÍAN COSAS LINDAS. PORQUE ANTES LOS CHINOS NO ERAN MALOS, NO.

PERO PARECE QUE LUEGO, LA VIDA, LAS MALAS COMPAÑÍAS... ¡EN FIN!...

YO NO SÉ QUÉ LES PASÓ A ESOS MUCHACHOS

TOMÁ, MAFALDA, MEDIO TURRÓN PARA MÍ, MEDIO PARA VOS
OH, GRACIAS, SUSANITA
749

¡CROCK! ¡CROMPF! ¡GULP!
CROC CRUC
785

¡AAAAH!
CRUP CROK

CRAC CRUCH

¡MALDITA SEA MI BONDAD!

VAS A VER A QUE ESA SOMBRA ES LA HIJA DEL CACIQUE QUE VA A DESATAR AL MUCHACHO. ¿VISTE? ¡ES!
750

VAS A VER A QUE AHORA ELLA CORTA LAS SOGAS CON SU PUÑAL. ¡AHÍ ESTÁ!

VAS A VER A QUE ANTES DE HUIR ÉL LA BESA. ¿¡NO TE DIJE?!
788

VAS A VER A QUE AHORA EL CENTINELA SIOUX SE DESPIERTA Y...

E E
¡¡VAS A VER!!

BUENO, EMPEZAMOS, SUSANITA
¡ESPERÁ, MIGUELITO, ESPERÁ!

SEÑOR: DEJO EN TUS MANOS MIS PIEZAS PARA QUE TÚ GANES ESTA PARTIDA
AMÉN

YA OÍSTE, ¿NO? ¡ASÍ QUE NADA DE HEREJÍAS!

TENGO UN CUENTO GRACIOSÍSIMO: RESULTA QUE HAY UN TIPO ESCUCHANDO UN DISCO...

¡JA-JA-JA! ¡UN DISCO!...¡ES BUENÍSIMO! ¡JA-JA!
¡NO HE TERMINADO, SUSANITA!!

AH
Y VIENE OTRO Y LE DICE: "¡PERO HOMBRE! ¿CÓMO ESCUCHA ESE DISCO, NO OYE QUE ESTÁ RAYADO?"

ENTONCES EL TIPO CONTESTA: "¿Y A USTED QUÉ LE IMPORTA... ...TED QUÉ LE IMPORTA... ...TED QUÉ LE IMPORTA... ...TED QUÉ LE IMPORTA..."
JI-JI ¡JA-JA! ¡JA-JA!

DALE, ¿Y ENTONCES?...

QUISIERA PEDIRTE CONSEJO, MANOLITO. ANDO CON UN PROBLEMA
769

¿ALGO GRAVE, SUSANITA?

¿GRAVE? NO, NO, SI EN REALIDAD ES UN PROBLEMA MUY ESTÚPIDO

POR ESO PENSÉ QUE VOS PODÉS ENFOCARLO MEJOR QUE NADIE. RESULTA QUE...

"NO HAGAS A LOS DEMÁS LO QUE NO TE GUSTA QUE TE HAGAN A TI"
780

¡QUÉ LÁSTIMA!

DEBEMOS OBSERVAR EN TODO MOMENTO UNA HIJICTUD EJEMPLAR

QUIEN MAFALDA MAL ACALDA
QUÉ FINO SENTIDO DEL HUMOR

¿VES A ESTE POBRE BICHO TRATANDO DE SALIR Y SER LIBRE? ASÍ SOMOS LOS HUMANOS, SUSANITA
¡TUC!
¡TUC!
¡TUC!
786

¡TUC!
¡TUC!
¡TUC!

¿Y SI LO MATAMOS? ¿EEEEEH?

ASÍ SOMOS LOS HUMANOS, MAFALDA

"PLANTEO: SI UN ALBAÑIL LEVANTA 2 MTS. DE PARED EN ½ DÍA, ¿CUÁNTOS MTS. LEVANTARÁ EN 3 DÍAS?"
798

VEAMOS: 3 DÍAS SON 6 MEDIOS DÍAS, O SEA QUE....

6 MEDIOS DÍAS
X 2 METROS
SON 12 METROS

Solución: levantará 6 o 7 metros, porque en este país nadie quiere trabajar.

89

QUIERO ACLARARTE ALGO, MAFALDA

CUALQUIER PROBLEMA QUE LLEGUES A TENER, VENÍ A PEDIRME CONSEJO, QUE YO, CON MUCHO GUSTO, TRATARÉ DE AYUDARTE

Y NO ME AGRADEZCAS NADA, ¿EH? ¡TE LO RUEGO!

PORQUE ME ENCANTA QUE LA GENTE ME DÉ OPORTUNIDAD DE INMISCUIRME EN SU VIDA

¿LES HABLÉ ALGUNA VEZ DE TODOS LOS HIJITOS QUE PIENSO TENER CUANDO SEA UNA SEÑORA?

¡NOS HABLASTE DIEZ MIL VECES!

O SEA, QUE YA TENEMOS BIEN MASTICADO EL TEMA COMO PARA UNA MESA REDONDA

ESTA REVISTA DICE QUE "LA DIFUSIÓN DE LOS AVANCES DE LA TÉCNICA HACE QUE LOS NIÑOS ACTUALES TENGAN UNA MENTALIDAD SUMAMENTE DESARROLLADA"

BUENO, CON ALGUNAS EXCEPCIONES, ¿NO?

¿POR EJEMPLO?

GRACH GRACH GRACH

¡ALTO AHÍ, SUSANITA!
¡BANG!
¡MUERO! ¡OH!

HONDO PESAR CAUSA LA DESAPARICIÓN DE QUIEN, COMO YO, SUPO GRANJEARSE EL CARIÑO Y AFECTO DE CUANTOS ME CONOCIERON

MI FALLECIMIENTO DEJA UN VACÍO DIFÍCIL DE LLENAR EN LOS CÍRCULOS MÁS DIVERSOS, EN LOS QUE PUSE DE MANIFIESTO MI NATURAL NOBLEZA, MI SENSIBILIDAD Y...

¿QUÉ PASA? ¿POR QUÉ NO SEGUIMOS JUGANDO A LOS COW-BOYS?

RESULTA QUE LA BESTIA ERA YO Y NO MANOLITO

¡YO LA BRUTA! ¿TE DAS CUENTA? ¡NO ÉL, SINO YO!

¡YO, DIOS MÍO, SACARME UN CERO EN LA ESCUELA!

QUE DESPUÉS NO ERA LA ESCUELA, SINO UN BARCO, PORQUE TAMBIÉN HABÍA MARINEROS EN MI SUEÑO Y...

ES UNA LÁSTIMA QUE VOS VAYAS A LA ESCUELA, MANOLITO. NO DEBERÍAS IR MÁS
¿NOOOO?

¿QUÉ DEMONIOS ESTÁS DICIENDO, SUSANITA? ¡MANOLITO Y TODOS DEBEMOS INSTRUIRNOS, PORQUE LA CULTURA ES LA BASE DE
¡SÍ, SÍ, YA SÉ!

SERÁ COMO VOS DECÍS, MAFALDA

PERO ES UNA PENA ECHAR SALPICADURAS DE INSTRUCCIÓN A UNA BESTIALIDAD TAN AUTÉNTICAMENTE PURA COMO LA DE ESTE MUCHACHO

¿UN HER-MANITO?

PERO... ¿EN SERIO?
¡EN SERIO, SUSA-NITA!... ¡MIS PAPÁS ME DIJERON QUE DEN-TRO DE UNOS MESES VOY A TENER UN HERMANITO!

BUENO..., ME ALEGRO MUCHÍSIMO... ¡DE VERAS!... TE FELICITO, MAFALDA
GRACIAS, SUSANITA, GRACIAS

¡¡¡NOS HEMOS DEJADO GANAR COMO UNOS ESTÚPIDOS!!!

¿POR QUÉ? ¿POR QUÉ TIENE QUE SER MAFALDA LA QUE VA A TENER UN HERMANITO Y NO YO?

¡ZAS! JUSTAMENTE AHÍ VIENE

HOLA, SUSANITA, ¿QUÉ TAL?
AQUÍ..., PENSANDO UN POCO

DECIME, MAFALDA,

VOS QUE ANDÁS SIEMPRE DESPOTRI- CANDO CONTRA EL RACISMO Y TODO ESO,

¡MIRÁ SI LA CIGÜEÑA TE DEJA COMO HERMANO UN NEGRITO! ¿EHÉ? ¡QUÉ TAL! ¡SERÍA LINDO! ¿NO? ¡MUY DEMOCRÁTICO! ¡JHÁ! ¿POR QUÉ NO UN NEGRITO, EHÉ?

BUENO, ¿QUÉ DIABLOS LE PASA A TU PAPÁ?

VEO QUE TU MAMÁ ESTÁ TEJIENDO ALGO PARA TU FUTURO HERMANITO
ASÍ ES, SUSANITA

CLARO, AHORA TODO LO QUE HAGA TU MAMÁ SERÁ PARA ÉL, ¿NO?
SÍ, Y ME PARECE MUY BIEN. NOSOTROS YA TENEMOS DE TODO
EN CAMBIO ÉL NO TIENE NADA

IMAGÍNATE..., SI CUANDO LLEGA VE QUE LOS DEMÁS TIENEN DE TODO Y ÉL NADA, POR SU INGENUA CABECITA PUEDEN PASAR CIERTAS IDEAS

Y NO QUEREMOS EXTREMISTAS EN LA FAMILIA

A VECES, DE NOCHE EN LA CAMA, ME PONGO A PENSAR..., Y ES CURIOSO...
834

SIENTO, POR EJEMPLO QUE, COMO TODO EL MUNDO, YO TENGO MIS COSAS BUENAS Y MIS COSAS MALAS

Y QUE NO SOY NI MEJOR NI PEOR QUE LOS DEMÁS, SINO COMO TODOS..., ASÍ, LISA Y LLANAMENTE COMO EL RESTO DE LA HUMANIDAD

¿NO HAS TENIDO NUNCA ESA ESPANTOSA SENSACIÓN?
QUINO

¿VISTE? AL FINAL VOS, YO Y PEPITA FUIMOS LAS ÚNICAS QUE HOY SACAMOS 10 EN LA HORA DE DIBUJO
837

EN REALIDAD LA MAESTRA HIZO JUSTICIA; LOS DIBUJOS DE LAS TRES ESTABAN IGUALMENTE LINDOS. NO SE PUEDE DECIR QUE UNO FUERA MEJOR QUE LOS OTROS DOS

QUINO

¡MALDITA SEA LA HORA EN QUE ME INCULCARON LA MODESTIA!

838
¡ESTO SÍ QUE ES EXTRAORDINARIO! ESCUCHEN

"MEDIANTE UN DIMINUTO Y DELICADO SISTEMA DE TELEVISIÓN, QUE SE INTRODUCE DENTRO DEL PACIENTE, LOS MÉDICOS PUEDEN PERCIBIR IMÁGENES NOTABLEMENTE FIELES DEL INTERIOR DEL CUERPO HUMANO"
QUINO

¡DIOS MÍO!... ¡Y YO SIN UN POQUITO DE MAQUILLAJE POR DENTRO!

¡NO VEO LA HORA DE QUE LLEGUE MI HERMANITO!... CON ESTO DE QUE HAY QUE ESPERARLO MESES, EL TIEMPO NO PASA NUNCA
844

TE COMPRENDO, MAFALDA; POR ESO ES QUE SI A MIS PAPÁS Y A MÍ NOS INTE-RESARA TENER UN BEBÉ EN CASA, LO ENCARGARÍAMOS A OTRO NIVEL
QUINO

...O SEA, AL CONTADO Y NO EN MENSUALIDADES, COMO USTEDES

AYER ESTUVE MALA CON VOS; EN EL FONDO, YO TAMBIÉN QUISIERA TENER UN HERMANITO AUNQUE HAYA QUE ESPERARLO MESES
845

¿QUÉ IMPORTA LA ESPERA DE SU LARGO VUELO EN CIGÜEÑA? UNO NO DEBE PENSAR EN ESO...

... SINO EN EL DÍA MARAVILLOSO EN QUE, POR FIN, VEA ATERRIZAR AQUÍ LA CIGÜEÑA

¡JHA!.... ¡MIRÁ SI JUSTO ESE DÍA CIERRAN EL TRÁNSITO AÉREO POR MAL TIEMPO!

¡TE CONOZCO, MANOLITO! ¡VOS QUERÉS LLEGAR A SER UN EJECUTIVO...
849

...PERO NO PORQUE TE INTERESE SER UN EJECUTIVO, NO...

....SINO PORQUE SOS UN SNOB!

¿UN SQUÉ?

¿LA TIERRA GIRA ALREDEDOR DE LA LUNA? ¿LA LUNA ALREDEDOR DE LA TIERRA? ¿CÓMO ES POSIBLE QUE A LA LUNA LE VEAMOS SIEMPRE LA MISMA CARA?
852

LA COSA ES ASÍ, MIGUELITO: SUPONÉ QUE NOSOTROS SOMOS LA TIERRA Y MANOLITO LA LUNA
A VER, MANOLITO, GIRÁ ALREDEDOR DE ELLOS MIRÁNDOLOS

ASÍ, MUY BIEN. ¿VES? NOSOTROS GIRAMOS AQUÍ, Y LA LUNA ALREDEDOR NUESTRO...

...MOSTRÁNDONOS SIEMPRE LA MISMA CARA DE BESTIA, ¿VES?

862
!

¡VENGAN A VER! ¡MANOLITO ESTÁ DE NOVIO!

¡DE NOVIO!... ¡BAH, BAH, BAH!
$

¡OH, MAFALDA, QUÉ AMIGUITA TAN SIMPÁTICA TENÉS! DECIME, NENA: ¿A QUIÉN QUERÉS MÁS, A TU MAMÁ O A TU PAPÁ?
864

Y..., A LOS DOS LO MISMO
¡QUÉ TESORO!

HOLA, MAFALDA, ¿SABÉS DE QUÉ QUERÍA HABLARTE?
¡LO SOSPECHO!

¿QUÉ SIGNIFICA ESE "LO SOSPECHO" CON ESA CARA, EHÉ? ¡A VER, DOÑA SABIA!... ¿DE QUÉ QUERÍA HABLARTE? ¿A VER? ¡DALE! ¿DE QUÉ?
881

¡DE TOOOOODOS LOS HIJITOS QUE VAS A TENER CUANDO SEAS GRANDE!
¡JHA'! ¡NO ERA DE ESO! ¡AHÍ TENÉS! ¡NO ERA DE ESO!

¡TOC!
¡TOC!

¡TOC!
¡TOC!

... TODA, TODA LA NOCHE SOÑANDO CON MANOLITO
883

ANOCHE POR TV HABLÓ UN SOCIÓLOGO, Y DIJO QUE LA HUMANIDAD VIVE LLENA DE DUDAS SOBRE SU FUTURO
892

¡CUÁNTA RAZÓN TIENE ESE HOMBRE!

YO, POR EJEMPLO, VIVO DUDANDO SI CUANDO ME CASE DEBO SALUDAR A LAS AMISTADES EN EL ATRIO, O INVITARLAS LUEGO A LA FIESTA EN MI CASA

¿NO DIJO NADA SOBRE ESO?
NO, EL MUY TORPE NO TOCÓ EL TEMA

ANOCHE SOÑÉ QUE MI MAMÁ ME MANDABA A VISITAR A MI ABUELITA ENFERMA, QUE VIVÍA EN CHINA COMUNISTA
896

"LLEVALE ESTA CANASTA A ABUELITA, PERO ¡CUIDADO!, NO VAYAS A ENCONTRARTE CON UN GUARDIA ROJO", ME PREVINO MI MAMÁ. Y YO SALÍ CON MI CANASTITA HACIA CHINA

UNA VEZ ALLÍ, IBA SALTANDO ALEGREMENTE POR UNA CALLE CUANDO DE PRONTO ¡ZAS! UN GUARDIA ROJO QUE ME PREGUNTA: "¿ADÓNDE VAS, CAMARADA?"

—VOY A VISITAR A MI ABUELITA ENFERMA —"¿AH, SÍ? ¿Y DÓNDE VIVE TU ABUELITA, SIMPÁTICA BURGUESITA?"

¡ANDÁ!... ¡ESO ES CAPERUCITA ROJA!... ¡Y ES MENTIRA QUE LO SOÑASTE!

CLARO QUE SÍ, PERO QUÉ VERSIÓN INTERESANTE, ¿EHÉ?

908

... O MEJOR PELIRROJO, ASÍ MIS PRIMAS SE MUEREN DE ENVIDIA AL VERME CON UN MARIDO TAN POCO COMÚN

PARA UD., SRA. SUSANITA
¡OH!

¡MI PRIMER HIJITO! ¡QUÉ EMOCIÓN!

BUEN DÍA, SRA., VENÍA A JUGAR CON SUSANITA
LO SIENTO, SE DESPERTÓ DESCOMPUESTA Y NO HA PODIDO LEVANTARSE

¿QUÉ TE PASA, MAFALDA?
QUE ESTE VERANO NO PODRÉ SALIR DE VACACIONES CON MIS PAPÁS, PORQUE TENEMOS QUE ESPERAR LA LLEGADA DE MI FUTURO HERMANITO

PERDONAME, FUE UN LAPSUS FACIAL

AH, CÓMO, ¿VOLVIÓ EL LUCTUOSO
DIVERTENTE CON SU ALEGRE CARGA
DE SANO PESIMISMO? ¡MECACHO!

APROVECHO ESTA OPORTUNIDAD QUE SE ME BRINDA, PARA SALUDAR A BOBBY FISCHER Y RECORDARLE QUE LOS TRIUNFOS ESTÁN MUY BIEN, PERO ¿Y LOS HIJITOS, PARA CUÁNDO?

ME DA LÁSTIMA DE MAFALDA, AYER ME CONTÓ QUE ESTE VERANO NO PODRÁ IR DE VACACIONES CON SUS PAPÁS
¿POR QUÉ?
921

PORQUE TIENEN QUE QUEDARSE A ESPERAR LA LLEGADA DE SU FUTURO HERMANITO
AAH, CLARO

NO TE IMAGINÁS LA PENA QUE ME DIO VERLA TAN TRISTE POR ESE ASUNTO. MÍRALA, ¡POBRE!, ALLÁ VIENE

HOLA, MAFALDITA
HOLA, ¿CÓMO LES VA?

Y..., FANTÁSTICAMENTE BIEN, ¡PORQUE YA VIENE LA ÉPOCA EN QUE UNO EMPIEZA A PENSAR EN SU VERANEO!

EN UNA REVISTA VI UNA FOTO DE LA TIERRA TOMADA DESDE UN SATÉLITE
924

SE VERÍA UNA MANCHA NEGRA, PORQUE ESOS SATÉLITES PASAN SIEMPRE DE NOCHE, ¿NO?

NO, LO QUE OCURRE ES QUE DE NOCHE LOS VEMOS Y DE DÍA NO. PERO PASAN A CUALQUIER HORA

¿TENDRÍAS UN PEINE AHÍ PARA PRESTARME?

AYER LEÍ ALGO QUE SI TODOS LO PUSIÉRAMOS EN PRÁCTICA EL MUNDO ANDARÍA MUCHO MEJOR:
926

"HAZ BIEN SIN MIRAR A QUIÉN"

¿MBSSÑSSBÑS ÑSSSTRBLSS? ¿EEHÉÉ?
931

¡MMMH!... ¡MÑSBLTS BSSLZZMBSSÑS!

¿Y?

GEORGIA-(AFP) POR UN ESQUELETO HALLADO EN ESTA, INVESTIGADORES RUSOS HAN COMPROBADO QUE LOS AVESTRUCES DE HACE CINCO MILLONES DE AÑOS ERAN DOS VECES MAS GRANDES QUE LOS DE AHORA
¡AAAH!...
935

¡AHÍ ESTÁ EL ASUNTO! YO SIEMPRE PENSÉ CÓMO SE LAS ARREGLARÍAN CON LA LIMPIEZA DE SUS CAVERNAS LAS SEÑORAS DE LA PREHISTORIA

¡PERO CLARO, RESULTA QUE LOS PLUMEROS ERAN MUCHO MAS GRANDES QUE LOS DE AHORA, QUÉ EMBROMAR!

948

¡OKEY! ¡AQUÍ ACABAN TUS IDEAS SOBRE LA POBREZA, EL RACISMO Y LA GUERRA!

¡PERO NO, SUSANITA! ¡ES A LOS COW-BOYS DE ANTES, QUE ESTAMOS JUGANDO! ¡A LOS DE ANTES!...

"TRAS DISCUTIR MATA A SU CUÑADO"
950

"UNA MADRE ENVENENÓ A SUS DOS HIJITOS"

"EL ASESINO DE LA ANCIANA CONFIESA SU CRIMEN"

¡SI VIERAS!... ESTUVE LEYENDO LO BUENA QUE SOY

CUANDO LEO EN LAS NOTICIAS POLICIALES LA DE BARBARIDADES QUE HACEN OTROS..., ¡HAY QUE VER LO BUENA QUE ME SIENTO YO!
951

MUY MAL, SUSANITA. NUNCA HAY QUE COMPARARSE CON LOS QUE SON PEOR QUE UNO, SINO CON LOS QUE SON MEJOR

¡VAMOS!... ¿QUIÉN ES CAPAZ DE HACERLE SEMEJANTE PORQUERÍA A SU PROPIA PERSONALIDAD?

¡HAY QUE VER LO QUE SON LAS SEÑORAS CUANDO VIENEN A QUEJARSE DE ALGO QUE UNO LES VENDIÓ!
BUENO, PERO NUNCA HAY QUE ESCONDERSE ANTE NADA
954

¡SÍ, SÍ! ¡ESCÓNDETE, MANOLITO!... ¡ESCÓNDETE!
¿POR QUÉ? ¿QUÉ OCURRE?

¡QUE ACABO DE OÍR POR RADIO QUE HAY LIBERTAD DE CULTOS!... ¡LIBERTAD DE CULTOS EN TODO EL PAÍS!

¡Y VOS QUE NO LO SOS!...
¡DIOS MÍO, ¿QUIÉN SABE QUÉ PUEDE PASARTE?!

ME HE DADO CUENTA QUE SOY FINA, AGRADABLE Y SIMPÁTICA
957

Y NO LO DIGO POR FALSA MODESTIA, NO

FUE GRACIAS A MI HUMILDE HONESTIDAD QUE LLEGUÉ A DESCUBRIR CÓMO SOY REALMENTE

NADIE ES BUEN SHERLOCK HOLMES DE SÍ MISMO

AH, ¿TENÉS PASTILLAS, SUSANITA?
MSÍ

EH..., SON UN REMEDIO, ¿SABÉS?... ME LAS RECETÓ EL DR. PORQUE ANDO CON QUÉ SÉ YO

¿ALGUNA INSUFICIEN- CIA EN LAS GLÁNDU- LAS DEL SISTEMA CONVIDATORIO?

MIRÁ, MAFALDA, ¿NO TE RESULTA MARAVILLOSO ESTAR AQUÍ EN WALL STREET Y VER PASAR POTENTADOS TAN FINOS Y ELEGANTES?

¡ÑÚ-ÑÚ!

LOS CHEQUES DE TUS BURLAS NO TIENEN FONDOS EN EL BANCO DE MI ÁNIMO

PERDONAME, SUSANITA, PERO LA VERDAD ES QUE NO ESTUVISTE MUY BIEN CON MANOLITO, Y NO TOMES A MAL QUE TE LO DIGA
¡POR FAVOR!
984

¿CÓMO VOY A TOMARLO A MAL? LA VERDAD HAY QUE SABER ACEPTARLA CUANDO VIENE EN BOCA DE UNA AMIGA COMO VOS

NUNCA LO HABÍA NOTADO... ¡TENÉS UNA BOCA HORRIBLE, POBRE MAFALDA!

JUGUEMOS A QUE ÉRAMOS DOS SEÑORAS COMO MI MAMÁ Y TU MAMÁ, ¿EH?
¡ESO!... Y...
Juego de Té
986

... QUE NOS REUNÍAMOS A TOMAR TÉ Y CHARLAR COMO CHARLAN LAS SEÑORAS

BUENO...
VEAMOS...

¿QUIÉN DICE LA PRIMERA ESTUPIDEZ?

¡AY, AY, AY! ¡CÓMO HEMOS CHARLADO! ¡Y QUÉ RICO ES SU TÉ, SEÑORA MAFALDA!
GRACIAS, SEÑORA SUSANITA

Y DÍGAME, ¿TIENE ALGÚN CHIMENTITO SOBRE QUÉ NOS TRAE LA MODA PARA ESTA TEMPORADA?
BUENO, SEGÚN HE LEÍDO...

... PARECE QUE SE SIGUE LLEVANDO MUCHO LA INJUSTICIA, CLARO QUE CON UNAS BESTIALIDADES AL BIES MUY MONAS, ESO SÍ

¡NO SÉ PARA QUÉ ALGUNAS SE METEN A JUGAR A LAS SEÑORAS SI LUEGO NO SABEN MANTENER LA IDIOSINCRASIA!

¿QUÉ HACÉS AHÍ CON ESA CARA? VENÍ, VAMOS A CHARLAR UN RATO

ANOCHE MI MAMÁ SE PUSO A HABLAR DE LO QUE HABÍA GASTADO EN EL MERCADO

ENTONCES MI PAPÁ DIJO: "¡QUÉ BARBARIDAD!" Y QUE ÉL HABÍA TENIDO UN DÍA MUY MALO Y LE DOLÍA LA CABEZA

CLARO, DIJO MI MAMÁ, A VOS SIEMPRE TE DUELE LA CABEZA CUANDO TE HABLO DE...

SALUD, PAR DE ORIGINALES

¿TE IMAGINÁS A UNA MUJER PRESIDENTE DE LA NACIÓN, FELIPE?
¡DIOS NOS LIBRE!

¡MIRÁ, PARA QUE SEPAS, LAS MUJERES SOMOS MÁS INTELIGENTES QUE LOS HOMBRES! ¿OÍS?

¡Y MÁS BUENAS Y NOBLES! ¿SABÉS?

¡Y MÁS DULCES Y TIERNAS! ¿ENTENDÉS?

¡DESPUÉS DICEN QUE LAS MUJERES SON DIFÍCILES DE ENTENDER!

ME REVIENTAN LOS TIPOS QUE PIENSAN QUE LA MUJER ES INFERIOR
SERÁ QUE, MÁS QUE NADA, LA VEN EN TAREAS DOMÉSTICAS

¡Y BUENO, ES QUE PARA ESO ESTAMOS LAS MUJERES! ¡AL FIN DE CUENTAS UNA MUJER QUE NO COCINA, QUE NO PLANCHA, QUE NO LAVA, NI LIMPIA, NI NADA DE ESO, ES MENOS MUJER, QUÉ DIABLOS!

AH, SEGÚN VOS, UNA MUJER QUE TENGA COCINERA, LAVANDERA, MUCAMA Y DEMÁS, ¿ES POCO MUJER?

¡MOMENTITO!... UNA COSA ES LA MUJEREZ Y OTRA EL STATUS

A MÍ TAMBIÉN ME LASTIMA EL ALMA VER GENTE POBRE, ¡CREÉME!
1014

POR ESO CUANDO SEAMOS SEÑORAS NOS ASOCIAREMOS A UNA FUNDACIÓN DE AYUDA AL DESVALIDO

¡Y ORGANIZAREMOS BANQUETES EN LOS QUE HABRÁ POLLO Y PAVO Y LECHÓN Y TODO ESO!... ASÍ RECAUDAREMOS FONDOS...

... PARA PODER COMPRAR A LOS POBRES HARINA Y SÉMOLA Y FIDEOS Y ESAS PORQUERÍAS QUE COMEN ELLOS
©QUINO

CUANDO SEA GRANDE VOY A SER ESTRELLA DE CINE Y TV ¿TE IMAGINÁS? ¡SALDRÉ EN LAS REVISTAS Y TODO!
1023

CLARO QUE ESO DE ANDAR CASÁNDOME Y DIVORCIÁNDOME Y VUELTA A CASARME Y LUEGO A DIVORCIARME NO ME GUSTA NADA... ¡NO!
©QUINO

¡MEJOR SERÁ TENER UN MARIDO FIJO, Y MUCHOS HIJITOS, Y SER UNA BUENA AMA DE CASA Y CHAU!

REPUESTA DE SU DESENGAÑO POR EL AUMENTO DEL TOMATE, SUSANITA ENCARA CON VALENTÍA EL PORVENIR

ESO SÍ... ¡JAMÁS SALDRÉ EN LAS REVISTAS!

BUENO, Y AL FINAL, ¿QUÉ DEBERES HAY QUE HACER PARA MAÑANA?
ESPERÁ, A VER...

UNA COMPOSICIÓN SOBRE "EL MUNDO DEL PORVENIR"
Y TRAER UNAS ORACIONES CON EL FUTURO DEL VERBO VIVIR

¿UNAS ORACIONES O UNAS PLEGARIAS?

¡JAMÁS LO PENSÉ!... ¡¡JAMÁS!!

¡JAMÁS PENSÉ QUE YO FUERA CAPAZ DE HACERLE A ALGUIEN UNA PORQUERÍA COMO ESTA, FELIPE! ¡TE LO JURO!

¡YA NO SE PUEDE NI CONFIAR EN UNO MISMO! ¡QUÉ ÉPOCA, DIOS MÍO! ¡¡QUÉ ÉPOCA!!

¡ESTE MANOLITO ES PARA MATARLO!
¡AAAAAH!... ¿VISTE LO BESTIA QUE ES? ¡YO SIEMPRE DIGO QUE ES UN BESTIA!
1040

¡LE LEO QUE SEGÚN UN FÍSICO DENTRO DE VEINTE AÑOS HABRÁ TANTA GENTE POBRE COMO AHORA...

...Y ÉL SE ALEGRA DE QUE LAS COSAS SIGAN ASÍ SIN PROGRESOS SOCIALES NI NADA!... ¡MIRÁ QUE SE NECESITA SER BESTIA EN SERIO PARA PENSAR COMO ÉL!

¡A MÍ NO ME INSULTA NI VOS NI NADIE!

¿CONVIDARTE? ¡JHÁ!
¡ESTÁ BIEN!
1047

¡YA VA A VENIR EL DIABLO A CASTIGARTE POR MALA Y EGOÍSTA! ¡VAS A VER!
¡SLURB! ¡SLURP!

¡CROP! ¡CRUNCH!

¡SCHULIP! ¡SCHULIP!

SE VE QUE NO CONSIGUE TAXI

"BIEN, AMIGUITOS, EMPECEMOS ESTE CUENTO Y DEJEMOS VOLAR NUESTRA IMAGINACIÓN"
1056

LOS QUE TENGAMOS PLAFOND, CLARO

¿A VOS TE PARECE QUE FREGAR TODO EL DÍA EN LA CASA ES VIVIR, SUSANITA?
1058

¿POR QUÉ NO? MI BISABUELA NO HIZO NUNCA OTRA COSA Y TIENE OCHENTA Y TRES AÑOS, ¿QUÉ ME DECÍS?

QUE SI VIVIR ES DURAR, PREFIERO UNA CANCIÓN DE "LOS BEATLES" A UN LONG PLAY DE "LOS BOSTON POPS"

VOY A VER TU PORVENIR, FELIPE. SACÁ UNA CARTA

AHORA DATE VUELTA Y FROTALA EN TU NARIZ DICIENDO "CONJURO, CONJURO, TE TRASPLANTO MI FUTURO"

"CONJURO, CONJURO, TE TRASPLANTO MI FUTURO"

AHORA DÁMELA REPITIENDO "UKA-UKA"
"UKA-UKA"

BIEN, VEO QUE TU PORVENIR ES EL DE UN ESTÚPIDO DISPUESTO A HACER CUALQUIER IDIOTEZ QUE LE PIDAN

¡PST!... MAFALDA, SACÁ TU CARTA Y CONOCERÁS EL FUTURO

TONTERÍAS, SUSANITA; HACE RATO QUE LA UN SACÓ LA SUYA Y MIRÁ LO DESPISTADA QUE ANDA

PERO ES BUENA, LA IDEA, ¿NO?
¿NO TE GUSTA? ¿EHÉ? "FRENTE
HIJOCRÁTICO-MATERNALISTA"
¡SUENA · BIEN! ¿EH? ¿NO?

TOILETTES

¿Y JOAN MANUEL SERRAT PRESIDENTE? ¿POR QUÉ NO JOAN MANUEL SERRAT PRESIDENTE?
¡POBRE FLACO! ¿QUÉ MAL TE HA HECHO?
ADEMÁS, NO PUEDE; ES ESPAÑOL
¡CATALÁN, BESTIA!
ENTONCES PUEDE. ¡NO HAY NADA QUE ESOS NO PUEDAN!

¡CONTAME DE LA PLAYA, MAFALDA! ¡TU MAMÁ SE ENAMORÓ DEL BAÑERO?
¿DEL BAÑERO?
1074

¡ESTÚPIDA! ¡CON LO HERMOSOS QUE SON LOS BAÑEROS!... ¡Y VOS NI LO VISTE!

SÍ, LO VI, PERO NO SE ME OCURRIÓ FIJARME SI ERA HERMOSO. LO QUE SÍ PENSÉ ES QUE MIENTRAS ÉL CUIDABA UNAS POCAS VIDAS SE ESTABAN FABRICANDO MILES DE BOMBAS QUE...

¿SUSANITA?
QUINO

¡YA ESTÁ! ¡YO ERA UNA BELLA Y TERRIBLE GANSTERESA! ¡Y CAPITANEABA UNA FEROZ BANDA!
¿GANSTEQUÉ?
1078
QUINO

AUNQUE EN EL FONDO NO ERA MALA, NO. ERA SOLO... UN PRODUCTO SOCIAL, ¡ESO!

¡UNA POBRE VÍCTIMA MÁS DE ESTA SOCIEDAD CRUEL, MALVADA, ANÓNIMA, COMERCIAL, INDUSTRIAL, FINANCIERA!...
QUINO

...ASÍ LE CONTÓ A MI MAMÁ LA GORDITA DE LA PANADERÍA QUE ANDA CON EL HIJO DE LA SEÑORA DEL TERCERO B, ESE QUE ESTUDIA DE NOCHE PORQUE DE DÍA TRABAJA PARA...
¡TOC!

...AYUDAR EN LA CASA, ¡POBRE!, QUE SI AL PADRE NO LE GUSTARA TANTO EL HIPÓDROMO NO TENDRÍA NECESIDAD NI LE DEBERÍAN TODO LO QUE LE DEBEN AL CARNICERO, QUE ACABA DE...
¡TOC!

...COMPRARSE UN TAXI, EL CARNICERO, MIRÁ VOS; SE LO MANEJA EL CUÑADO CASADO CON LA MODISTA QUE ANTES NOVIABA CON EL PELIRROJO AQUEL QUE TUVO UN BUEN LÍO CON...

JAQUE, MATE, SUSANITA
¡TOC!
1087

¿POR QUÉ ESTA MALA PATA? ¿POR QUÉ?

¡MAMÁ, MAFALDA SE QUEDA A TOMAR LA LECHE!
BUENO
1090

ESO SÍ, A MI MAMÁ NO LE GUSTA QUE UNO DEJE ENFRIAR LA LECHE...

...ASÍ QUE CUANDO NOS LLAME NO LA HAGAMOS ESPERAR MÁS DE DOS O TRES MUERTOS

¡HIJITOS!... ¡ESO ES LO ÚNICO QUE YO LE PIDO A LA VIDA!
1104

PORQUE EL DEPARTAMENTO, EL AUTO, LA HELADERA, EL LAVARROPAS, EL TELEVISOR Y TODO ESO PIENSO PEDÍRSELO A MI MARIDO, NO CREAS QUE SOY ESTÚPIDA
QUINO

¿SABÉS QUE EN LA OTRA CUADRA PONEN UNA JUGUETERÍA?

QUINO

¿SABÉS QUE EN LA OTRA CUADRA PONEN UNA JUGUETERÍA?
1105

¿SABÉS QUE EN LA OTRA CUADRA, AL LADO DEL SASTRE QUE LE HIZO EL TRAJE DE CASAMIENTO AL HIJO DE LA MANICURA Y LA NOCHE DE LA BODA QUERÍA COBRÁRSELO EN LA IGLESIA PORQUE EL OTRO SE HABÍA HECHO EL BURRO Y SE ARMÓ UNA BATAHOLA EN LA QUE SE METIÓ HASTA LA MADRINA QUE DICEN QUE LES HIZO UN REGALITO DE MORONDANGA Y ESO QUE COBRA LA PENSIÓN DEL MARIDO MÁS LO QUE SACARÁ DEL ALQUILER DE LA PIECITA DE LA TERRAZA AL RENGUITO QUE ARREGLA RADIOS, PONEN UNA JUGUETERÍA?

¡MIRÁ QUÉ FOTO DE LA LUNA VOY A PONER EN MI PIEZA!
¡QUÉ FANTÁSTICA!

¡MIRÁ QUÉ FOTO DE LA LUNA VOY A PONER EN MI PIEZA!
¡QUÉ BÁRBARA!

¡MIRÁ QUÉ FOTO DE LA LUNA VOY A PONER EN MI PIEZA!

¡QUÉ ASCO DE CUTIS, LA LUNA!

LOVE NOT WAR
PEACE!

¡AAAAAH!... ¡POR SUERTE EL MUNDO QUEDA TAN, TAN LEJOS!...

¡MIRÁ SI JUSTO A MÍ, ESPOSA COMPRENSIVA, BUENA Y TOLERANTE, ME TOCA UN DESASTRE DE MARIDO!

¡DECÍME! ¿TENÉS IDEA DE CON QUIÉN VAS A CASARTE?
NO
¡BUENO, ENTONCES NO JOROBES!

¡ME MUERO POR CONOCER A ESE MISERABLE!

TIC-TIC-TIC-TIC-TIC-TIC-TIC-TIC-

HOLA, ¿NOTAN ALGO?

SÍ, QUE NO ES AUTOMÁTICO, SUMERGIBLE, LUMINOSO NI CON CALENDARIO COMO EL DE MI PAPÁ

ESE GATO PASA SIEMPRE POR AQUÍ, ¿VISTE?

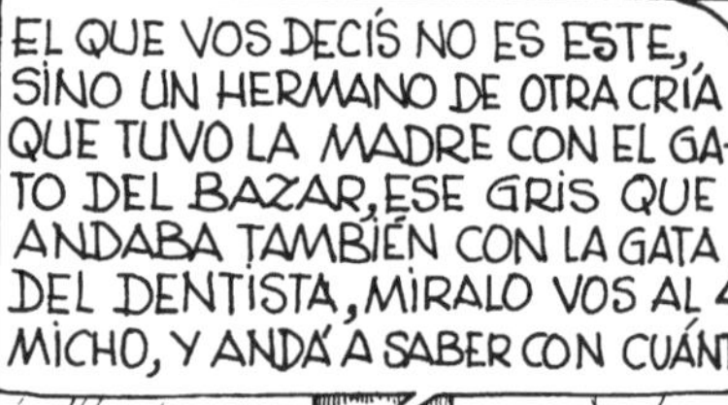
EL QUE VOS DECÍS NO ES ESTE, SINO UN HERMANO DE OTRA CRÍA QUE TUVO LA MADRE CON EL GATO DEL BAZAR, ESE GRIS QUE ANDABA TAMBIÉN CON LA GATA DEL DENTISTA, MIRALO VOS AL MICHO, Y ANDÁ A SABER CON CUÁNT

RAQUEL y Alberto

RAQUEL y Alberto

Quel Alberto
Susanita y ya veremos quién

¡DIOS MÍO! ¿Y SI ME SALE UN HIJO ASTRONAUTA?
1170

¡SERÍA HORRIBLE! ¡MI HIJO DANDO VUELTAS ALLÁ ARRIBA!

¡Y YO AQUÍ! ¡ABAJO!

¡CON EL CORAZÓN ESTRUJADO DE TORTÍCOLIS!
QUINO

ANOCHE VA MI MAMÁ, ENCIENDE EL TELEVISOR Y, ¡ZAS!, ¡NO ANDA!
1177

ASÍ QUE TOOODA LA CENA Y TOOODO EL TIEMPO DESPUÉS DE LA CENA HASTA IRNOS A LA CAMA ¡SIN TV!

ANOCHE ME DI CUENTA DE LO ABURRIDOS QUE SON MIS PADRES
QUINO

HOY MI MAMÁ ME MANDÓ AL MERCADO Y ESCUCHÉ A DOS SEÑORAS HABLANDO....
1185

USTED DÍGAME,¿QUÉ HACE AHORA ESA POBRE CHICA?¡SOLTERA Y CON UN HIJO!
¡QUÉ COSA!

¡MIRÁ VOS! ¡YO QUE CREÍA QUE SÓLO CASÁNDOSE PODÍAN TENERSE HIJITOS!...¡Y AHORA RESULTA QUE LOS PODÉS TENER CASADA, SOLTERA, VIUDA, DIVORCIADA......

...¡Y ANDÁ A SABER QUÉ OTRA PILA DE POSIBILIDADES HABRÁ QUE UNA NO CONOCE!

1191

¿POR QUÉ NO EMPEZÁS A IR PERDIENDO, ASÍ VAMOS GANANDO TIEMPO, MANOLITO?

128

1195
LO SÉ, SÍ

SÉ QUE MIS DERECHOS TERMINAN DONDE EMPIEZAN LOS DE LOS DEMÁS

PERO... ¿ES CULPA MÍA QUE LOS DERECHOS DE LOS DEMÁS EMPIECEN TAN LEJOS?

DICE PAPÁ QUE NO; QUE OTRA VEZ ESE GUISO NO; QUE PREFIERE FIDEOS
1197

DICE MAMÁ QUE ENTONCES ME DES PARA COMPRAR LOS FIDEOS
TUCO

DICE PAPÁ QUE QUÉ DIABLOS HICISTE CON LA PLATA QUE TE DEJÓ ESTA MAÑANA

DICE SUSANITA SI NO TENEMOS UN GRABADOR PARA PRESTARLE

¡DIOS MÍO, QUÉ CUADRO!

¡COMO SIGA ESTA MEZCOLANZA VAMOS A LLEGAR A QUE LAS MUJERES PIENSEN COMO HOMBRES Y LOS HOMBRES COMO MUJERES!

¡MUY BIEN DICHO, MANOLITO! ¡ME ALEGRA QUE PENSÉS LO MISMO QUE YO!

MANOLITO....¡HEY! ¿MANOLITO? ¡MANOLITO!...¡MANOLI

"DEL POLVO VENIMOS...

...Y AL POLVO VOLVEMOS"

¡¡MECACHO CON LA COSMÉTICA!!

ESTOY ENTERADA, MAFALDA
¡QUÉ RARO!
¿DE QUÉ, SUSANITA?

DE QUE A TU PAPÁ NO LE PAGARON AÚN EL SUELDO. NO HAY QUE INQUIETARSE; A CUALQUIERA LE OCURRE TENER QUE ESPERAR UNOS DÍAS, PERO LUEGO COBRA Y LISTO
1226

ADEMÁS TU PAPÁ ESTÁ PAGANDO EL AUTO. ¡QUÉ TE PARECE!... ¡TAMPOCO HAY QUE DRAMATIZAR IMAGINANDO QUE SE LES VIENE LA MISERIA ENCIMA!
NO, SI YA SÉ QUE NO; PERO DA UN POCO DE RABIA

Y BUENO; EL ASUNTO ES NO TOMAR LAS COSAS A LA TREMENDA
¡CLARO!

¡AH, MIRÁ VOS! TE TRAÍA ESTO Y YA ME OLVIDABA DE DEJÁRTELO
¿AJHA? ¿QUÉ ES?

EL TELÉFONO DE EMAÚS, POR LAS DUDAS
©QUINO

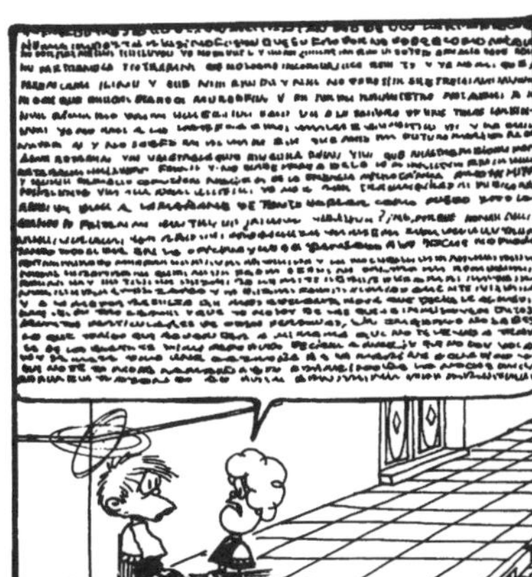

1229

¿TE CONTÉ QUE MI PROBLEMA DE INCOMUNICACIÓN ES NO PODER INCOMUNICARME?
©QUINO

CADA CUAL TIENE SUS PRO-
BLEMAS; HOY A MANO-
LITO LA MAESTRA LE
TOMÓ LA LECCIÓN Y
LE PUSO UN CERO
1230

¿TANTO
LE PUSO?
¡ESA MAESTRA
ESTÁ LOCA!

¡MIRÁ QUE PONERTE
UN CERO!... ¡TU
MAESTRA ESTÁ LOCA!

AMIGOS ASÍ LO
RECONCILIAN A UNO
CON LA VIDA

¡EH, VENGAN A
VER! ¡A MI
PAPÁ YA LE ENTREGARON
EL AUTO!
1245

¡MANGA DE
RENEGADOS
HIJOS DE
PEATONES!
¡MATERIALISTAS!

SABÉS QUE HOY PASÓ TU PAPÁ CON EL COCHE FRENTE A LA PANADERÍA Y UNA SEÑORA VA Y DICE...
1250

¡PSSHÉ!... ¡ASÍ QUE AHORA EL PELAGATOS ESE TIENE AUTO!
PERO... ¿OÍSTE BIEN, VOS?

NO, YO NO ESTABA; ME CONTÓ MI MAMÁ. ELLA SÍ OYÓ
¿Y HABRÁ SIDO POR MI PAPÁ QUE LO DIJO LA SEÑORA ESA? A LO MEJOR PASABAN OTROS TIPOS EN AUTO, ¿EH?
©QUINO

CLARO, PODRÍA SER...

¡NO, BUENO, PERO MI MAMÁ A TU PAPÁ LO CONOCE! ¿NO?

VOS ME DAS, MEDIO TURRÓN Y YO TE DOY MEDIA MANZANA, ¿EH?
1254

NO ME INTERESA TU MANZANA; PODÉS COMÉRTELA TODA
¡ESTÁ BIEN!

RÉQUIEM PARA UN GUSANITO

©QUINO

¡ELVIRA ME CONTÓ TODO LO DE MECHA CON EL MARIDO, Y TE JURO QUE MAL MIRADO EL ASUNTO ES APASIONANTE!
1256

1264

PARA TU INTELIGENCIA, MANOLITO; ¡QUEDA TAN TRISTE UNA TUMBA SIN FLORES!

LA MATERNIDAD BIEN ENTENDIDA EMPIEZA POR CASA

NO CONFUNDIR
CHISMOCIENCIA
CON CHISMOFICCIÓN

MI MAMÁ TUVO QUE COMPRARME DELANTALES NUEVOS PARA LA ESCUELA; TODOS LOS DEL AÑO PASADO ME QUEDAN CHICOS...
1267

...Y YO ESTABA MUY TRISTE PORQUE CREÍ QUE HABÍA QUE TIRARLOS

...PERO MI MAMÁ ME DIJO QUE NO, QUE SIEMPRE HAY ALGUNA NENITA POBRE A QUIEN DÁRSELOS

¡AH, BUENO, MENOS MAL! ¡MIRÁ VOS QUÉ SUERTE!

¡¡LA NEGATIVA DE SIEMPRE!!
©QUINO

¡QUÉ EMOCIÓN! ¡HA LLEGADO EL DÍA DE MI BODA!
1273

¡YA VOY CAMINO AL ALTAR DONDE ESPERA EL ELEGIDO DE MI CORAZÓN!

?

Sro. Juez
©QUINO

¡VAMOS A JUGAR COMO YO DIGO! ¿SÍ O SÍ?
¡NO!
1281

¡MIREN QUE AGARRO Y ME VOY! ¿EH?
¡AGARRÁ Y ANDATE!

DIGAN LA VERDAD, ¿NO SERÁ ESE MAGNETISMO MÍO TAN ESPECIAL LO QUE LES MOLESTA DE MÍ?

HOLA, SUSANITA. TE PRESENTO A LIBERTAD
¡HOLA, LIBERTAD! ESPERO QUE SEAMOS BUENAS AMIGAS
1307

A MÍ ME GUSTA LA GENTE SIMPLE
¿DE VERAS? ¡ME PARECE FANTÁSTICO!

SÉ SIMPLE, ¿A VER? ¡DALE!

¡SONAMOS!

1311

¡MORIRÁS!

COMO EL ABUELO DEL PELADO DEL KIOSCO, ¿SUPISTE? ¡POBRE! CLARO QUE YA TENÍA 93 CUMPLIDOS Y NO LE HACÍA CASO AL MÉDICO. PARECE QUE SE BAJABA SUS BUENOS TINTOS. ADEMÁS EN AGOSTO DEL AÑO PAS

¿PRESENTE INDICATIVO DE TEMER?
1313

YO TEMO

¿PRETÉRITO IMPERFECTO DE PARTIR?

YO PARTÍA

¿FUTURO PERFECTO DE AMAR?

¡HIJITOS!

PLANTEO: SI UN POCERO CAVA UN POZ...
TRÍÍÍÍÍING.....
TRÍÍÍÍÍING.....

¡MAMÁ, SON LOS DEL RATING! ¿QUÉ PROGRAMA ESTÁS VIENDO EN TV?

VERÁ, SEÑORITA, ES UNO EN EL QUE LA CHICA, Y NO ES QUE YO SEA CHAPADA A LA ANTIGUA, HACE MAL EN ENGAÑAR AL NOVIO, UN MUCHACHO TAN SERIO, ABOGADO, FÍJESE, CON EL OTRO ESE DEL TALLER, PARECE MENTIRA, UNA CHICA DE TAN BUENA FAMILIA, ¿QUÉ PUEDE DARLE UN OBRERO? PORQUE SERÁ BUEN MOZO PERO ES UN OBRERO. Y NO ES QUE YO TENGA NADA CONTRA LOS OBRER

VAS A VER QUÉ REGALO NOS TRAJO MI PAPÁ AL GUILLE Y A MÍ, SUSANITA

¡AH, QUÉ MARAVILLA!
TOCALA, NO HACE NADA

¿TOCARLA?
¡PERO SÍ, DALE, NO TENGÁS MIEDO!
¿MIEDO YO?

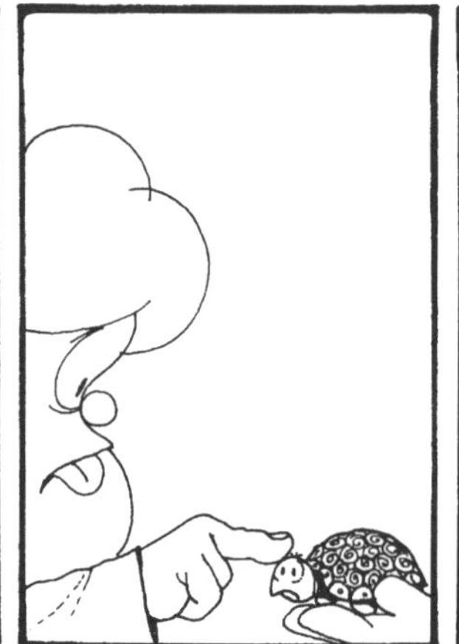

¡YA QUE ACEPTAMOS UNA REALIDAD HAGÁMOSLO CON ELEGANCIA!
¡¡AY, DIOS!! ¡¡AY, DIOS!!
1329

¿QUÉ REALIDAD ES LA QUE ACEPTAMOS, SUSANITA?
LA DE VER TODAS LAS PELÍCULAS CORTADAS
¿Y DÓNDE ESTARÍA LA ELEGANCIA?

EN QUE PARA CORTARLAS LA COMISIÓN DE CENSURA TRAJERA A PIERRE CARDIN

¡OTRO CON QUEJIDOS TEOLÓGICOS!

¿ASÍ QUE LA MADRE DE LIBERTAD ES TRADUCTORA?
SÍ, SE RECIBIÓ HACE POCO
1333

¡CÓMO HACE POCO! ¿NO SE RECIBIÓ ANTES DE CASARSE?
NO

CUANDO SE CASÓ TODAVÍA ESTUDIABA, Y EL PAPÁ DE LIBERTAD TAMBIÉN

¡AH, CÓMO! ¿LOS DOS ERAN ESTUDIANTES?
¡Y... SÍ!
¡NO DIGAS!

¿TAN SOLTEROS SE CASARON? ¡MIRÁ VOS!

¿QUIÉNES DIRÁN QUÉ COSAS DE QUIÉNES SIN QUE UNA PUEDA ENTERARSE, MALDITO SEA?
1356

¡QUITÁSELA, MANOLITO!

¿A UNA MADRE?
¡BONK!
1367

¡¡MEJOR; MÁS VALE ABURRIRSE SOLA QUE ALTERNAR CON ANTIMAMISTAS!!

¡HOLA! ¿ASÍ QUE TU PAPÁ SUFRIÓ UNA COLISIÓN?
1372

SÍ, RESULTA QUE ÉL IBA PO...
AH, ¿EN CIRCUNSTANCIAS EN QUE TRANSITABA, FUE LA COSA?

...POR UNA AVENIDA, Y EN UNA ESQUIN...
¡AH! ¿LLEGÓ A LA INTERSECCIÓN Y TODO? ¡MIRÁ VOS!

PERO ¿POR QUÉ TE PEGÓ?
POR CUESTIONES DEL MOMENTO

HOLA, MIGUELITO, ¿QUÉ COMÉS?
POCHOCLO
¡CROC! ¡CRAC!
1378

¡CRUCH! ¡CROCK! ¡CRUCH! ¡CHUMP! ¡CRICH! ¡CRIK! ¡GULP!

¡CROCK! ¡CRUCHK! ¡CROCK! ¡CRACK!

¿NO SABÉS QUE EL QUE COME Y NO CONVIDA TIENE UN SAPO EN LA BARRIGA?

A DECIR VERDAD, LOS EGOÍSTAS NUNCA DIMOS MUCHO CRÉDITO A ESA LEYENDA REPUGNANTE
¡CROCK! ¡CRACK!

MÉDICO
UNIVERSIDAD

HOLA, SUSANITA, ¿QUÉ LEÉS?
FOTONOVELAS

¡PERO, SUSANITA, NO PODÉS LLENARTE LA CABEZA CON ESAS ESTUPIDECES!

¡EN EL MUNDO ESTÁN PASANDO COSAS IMPORTANTES; COSAS QUE DE PRONTO CAMBIAN EL DESTINO DE LA HUMANIDAD!

¡NO ME LO RECORDÉS, TARADA! ¿O POR QUÉ CREÉS QUE LEO FOTONOVELAS?

MI ESPOSO SERÁ ALTO, MOROCHO Y CON OJOS VERDES

Y NUNCA NADA SE INTERPONDRÁ ENTRE NOSOTROS NI EMPAÑARÁ NUESTRA DICHA

MI ESPOSO SERÁ ALTO, MOROCHO Y SIN MADRÉ
Y NUNCA NADA SE INTERPONDRÁ ENTRE NOSOTROS NI EMPAÑ

¡VOS ESTÁS LOCA, MAFALDA! ¿YO ESTUDIAR UNA CARRERA?
1424

¿YO SER INGENIERA, O ARQUITECTA, O ABOGADA, O MÉDICA? ¿YO? ¡JHA'!

¡YO VOY A SER AMA DE CASA Y VOY A APECHUGAR CON LAS TAREAS DOMÉSTICAS! ¡VOY A SER MUJER!

¡Y NO UNA DE ESAS AFEMINADAS QUE TRABAJAN EN COSAS DE HOMBRES!
QUINO

MI PAPÁ ME TRAJO "EL REINO DE MUFALÍN". ¿LO LEÍSTE?
NO
EL REINO DE MUFALÍN
1434

ACE MUCHOS AÑOS, EN UN LEJANO PAÍS, GOBERNABA UN REY MUY BONDADOSO......
EL REINO DE MUFALÍN

¡AH, SÍ! LOS MALOS ERAN LOS QUE LO RODEABAN ¡CONOZCO ESE CUENTO!
QUINO
EL REINO DE MUFALÍN

¿CONVIDARTE? ¡NO!
¡ESTÁ BIEN!

¡IGUAL YO ESA PORQUERÍA NO LA PROBARÍA JAMÁS! ¿ME OÍS? ¡JAMÁS!

¡SCHUíÍP!

UN DÍA ESTE DEDO VA A DARME UN DISGUSTO CON SU FALTA DE CARÁCTER

¿YO TENER HIJITOS PARA CONTRIBUIR CON LA HUMANIDAD?

¿YO TENER HIJITOS PARA PERPETUAR LA ESPECIE? ¿QUÉ ME IMPORTA A MÍ LA ESPECIE?

¡YO QUIERO SER MADRE, NO UNA FÁBRICA DE REPUESTOS!

¡EH, GUILLE, TOMÁ UN POCO DE SÁNDWICH!

AH, NO; ÉL MORTADELA JAMÁS

EL HOGAR

ARTÍCULOS PARA EL HOGAR

NO PARECE MUY MAL MARIDO, ¿A CUÁNTO SE LO DEJARON?

¡PUEBLOS DEL MUNDO!

¿PODEMOS PERMANECER CRUZA-DOS DE ESTÓMAGOS MIENTRAS MEDIA HUMANIDAD PADECE APETITO?

¿Y A USTEDES QUÉ LES PASA QUE MIRAN CON ESAS CARAS DE CURSIS?

¿YO PREJUICIOS?

¡¡INVENTOS TUYOS!!

¿CUÁNDO DIJE YO ALGO CONTRA ESOS COCHINOS NEGROS, EHÉ? ¿CUÁNDO?¡A VER, DECÍ!¿CUÁNDO, EHÉÉ?

¿SABÉS?, ANDO PREOCUPADO, SUSANITA

RESULTA QUE...
¡AH, NO, MIGUELITO!

YO SOY AMIGA TUYA, NO DE TUS PREOCUPACIONES

YO NO SIENTO CARIÑO POR TUS PROBLEMAS SINO POR VOS, ¡TODO MI CARIÑO POR VOS!
¡OH, GRACIAS, SUSANITA!

¿GRACIAS?

¿TE CONTÉ QUE MI ESPOSO SERÁ EJECUTIVO DE UNA IMPORTANTE EMPRESA?
SÍ, SUSANITA, ME CONTASTE

¿Y QUE VIVIREMOS FELICES EN UN HERMOSO CHALECITO...

...DE LAS AFUERAS, SÍ; ¡TAMBIÉN ME LO CONTASTE YA VARIAS VECES!

¡NO ME DIGÁS QUE SABÉS LO DE LAS TIERNAS MIRADAS QUE EMPEZARÉ A NOTAR ME ECHA MI CUÑADO, PORQUE POR PUDOR NO SE LO CONTÉ NUNCA A NADIE!

MAFALDA

¿TE GUSTA EL LETRERO? LO HIZO MI MAMÁ CON FLORES DE PLÁSTICO
ES HORRIPIRMOSÍSIMO, SUSANITA

¡Y DEL SIGNO DEL ZODÍACO SE OLVIDARON, CLARO! ¡AHORA RESULTA QUE UN CUALQUIERA NACIDO EN LEO SE CREERÁ IGUAL A QUIENES VIMOS LA LUZ EN ARIES! ¡JHÁ! ¡SEPAN QUE ESO DE LA IGUALDAD NO ESTÁ MAL, PERO HAY IGUALDADES E IGUALDADES!
¡EMPEZAMOS BIEN!

"DEBES PENSAR EN LOS DEMÁS ANTES QUE EN TI MISMO"
1498

PENSAR ANTES, SÍ, PERO, SI NO TE ACLARAN CUÁNTO TIEMPO, ¿UNA CÓMO SABE?

¿DEBO PENSAR MEDIA HORA EN LOS DEMÁS Y LUEGO UNA SEMANA EN MÍ MISMA?

¿CINCO MINUTOS EN LOS DEMÁS Y LUEGO SEIS MESES EN MÍ MISMA?

¿UN SEGUNDO EN LOS DEMÁS Y LUEGO VEINTE AÑOS EN MÍ MIS...

1502

DIGO YO, SI UNA SE CASÓ Y RESULTA QUE LUEGO APARECE OTRO TIPO QUE LE GUSTA MÁS, ¿QUÉ DEBE HACER? ¿CAMBIARLO POR SU MARIDO O QUÉ?

¡¡QUÉ SÉ YO, SUSANITA!!

¡AL FIN DE CUENTAS ESTAMOS EN UNA SOCIEDAD DE CONSUMO, QUÉ DIABLOS!

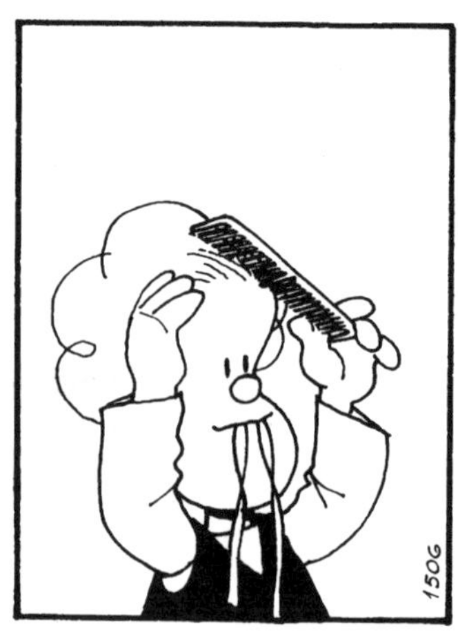

SÉ FRANCA, ¿VERDAD QUE NO ME SIENTA MUCHO EL BESTIA-LOOK?

SUSANA CLOTILDE CHIRUSI, ¿ACEPTA POR ESPOSO A...

¿A?...

¡¡BUENAS TARDES, SOY SUSANITA!!

¡NO!

¡¡CONOZCÁMONOS Y PÁFATE!!

¡MENOS!

VOS QUE SABÉS TANTAS COSAS, ¿CÓMO CUERNOS SÉ HARÁ PARA IRRUMPIR EN LA VIDA DE UN HOMBRE?

¡CUIDADO QUE EL MALDITO DE FELIPE TE LA QUIT...! ¡PERO! ¡¡SOS PAPAFRITA, MIGUELITO!!

¡BIEN MAFALD...! ¡¡NOO, POR AHÍ NO, POR EL CLARO, TARADA, POR EL CL...!! ¡PÚÚÚH! ¡¡TE LO DIJE, IDIOTA!!

¿Y AHORA QUÉ HACEN, PASPADOS? ¡PAREN A ESE BESTIA DE MANOLITO, MELONES! ¡¡PÁRENLO!!

¡GOOOOOL!

BUENO, ¿QUÉ LES PASA? UN GOL SON COSAS DEL FÚTBOL, ¿NO? ¿O ES QUE AHORA DEPORTES NO SON DEPORTES?

¡LOS NORTEAMERICANOS NO TENÍAN DERECHO A HACERNOS UNA COSA ASÍ!
¿ASÍ CÓMO, SUSANITA?

COMO ESA, DE ANDAR AMIGÁNDOSE CON LOS CHINOS, ¿NO ERA QUE HABÍA QUE CUIDARSE MUCHO DE LOS CHINOS?

¿NO ERA QUE EL PELIGRO AMARILLO ESTO, Y EL PELIGRO AMARILLO LO OTRO?

¿QUIÉNES SON LOS NORTEAMERICANOS PARA VENIR AHORA A ECHARNOS NUESTRO MIEDO A PERDER?

¿TE IMAGINÁS? ¡IR A LONDRES, PARÍS, NUEVA YORK!...
?

Y LUEGO: "SEÑORES, SE RUEGA AJUSTARSE LOS CINTURONES"

¡Y VOLAR! ¡CADA DOS POR TRES, VOLAR!

¡A MÍ TAMBIÉN ME GUSTARÍA SER AZAFATA!

¿AZAFATA? HABLAMOS DE MINISTROS DE ECONOMÍA, SUSANITA

¡NO HAY CASO, EL RACISMO ES ALGO QUE NO ME ENTRA EN LA CABEZA! ¡ME RESULTA UNA COSA INCONCEBIBLE!

¡ME PARECE ESPANTOSO CONSIDERAR INFERIORES A OTROS SERES HUMANOS POR EL SOLO HECHO DE NO SER COMO UNO!

TODAVÍA QUE TIENEN ESA DESGRACIA, ¿ENCIMA VAMOS A DESPRECIARLOS? ¡HAY QUE SER MÁS CARITATIVOS, CARAMBA!...

¡¡¿QUIÉN PUEDE CONCENTRARSE EN EL JUEGO, SI TODO EL TIEMPO HAY QUE ESTAR PENDIENTE DE ESAS MALDITAS PIEZAS?!!

¡ZAS, ALLÁ VIENE SUSANITA!...
1565

¡SONAMOS, ALLÁ ESTÁ MAFALDA!...

SEGURO VIENE A DARME LA LATA CON LO DE SIEMPRE

YA ME LA VEO SALIR CON LO DE COSTUMBRE

¡YA SÉ: CUANDO EL MUNDO TE CASES ESTÁ LLENO DE TENDRÁS MUCHOS LÍOS HIJITOS! ¿NO?

¡OY-OY! ¡ESTA VEZ LE HABLO! ¡ESTA VEZ LA ENCARO Y LE DIGO!
1567

¡ES INÚTIL, JAMÁS ME ANIMARÉ, JAMÁS SABRÁ QUE EXISTO NI JAMÁS YO LOGRARÉ SABER NADA DE ELLA NI NADIE SOSPECHARÁ NUNCA CUÁNTO ME GUS

HOLA, JUSTAMENTE VENÍA ACORDÁNDOME DE VOS; ACABO DE CRUZARME CON LA TARADITA ESA DE MURIEL, CREO QUE SE LLAMA, Y PENSÉ: SEGURO QUE ESTA LE GUSTA A FELIPE, ¿LA UBICÁS? UNA QUE ME DIJERON QUE EL PADRE ESTUDIABA MEDICINA Y LO BOCHARON TANTAS VECES QUE TUVO QUE DEJAR Y CONFORMARSE CON SER VISITADOR MÉDICO, Y AHÍ DONDE LA VES, ESTA POBRE CRECIÓ ALIMENTADA A MUESTRAS GRATIS DE VITAMINAS Y ESAS PORQUERÍAS, Y PARECE QUE CUANDO TENÍA DOS AÑOS SE

'BIENAVENTURADOS LOS POBRES, PORQUE DE ELLOS SERÁ EL REINO DE LOS CIELOS"
1574

¡QUÉ LINDO VESTIDO, SUSANITA!
¿VISTE? ME LO TEJIÓ MI MAMÁ CON LA MÁQUINA
1575

AH, ¿SE COMPRÓ MÁQUINA DE TEJER, TU MAMÁ?
SÍ, UNA MARAVILLA. ESTAS MEDIAS TAMBIÉN ME LAS TEJIÓ MI MAMÁ

ADEMÁS DE UN SAQUITO, Y DOS VESTIDOS PARA ELLA Y UN CHALECO Y UN PULÓVER A MI PAPÁ Y FUNDAS PARA LOS ALMOHADONES DEL LIVING...

...Y CARPETITAS Y BUFANDAS Y HASTA UNA COLCHA, ¡ES GENIAL, LA MÁQUINA!

¿TU MAMÁ NO QUERRÁ UNA? ¿EH? COMO NUEVA, ¿EH? PREGUNTALE. LA LARGA POR LO QUE LE DEN, MI MAMÁ. DALE, ¿EH? NOS TIENE HASTA LA CORONILLA, LA MÁQUINA. EN CUOTAS, ¿EH? PREGUNTALE.

"HOLA, MI AMOR, ¡CHUIK! ¿CÓMO TE FUE HOY?"
-"BIEN, MI TESORO, ¡CHUIK! ¡MMMH! ¡QUÉ BIEN HUELE LA CENA!"
1581

"HOLA, ¡HOY FUE UN DÍA HORRIBLE! TERMINÁ VOS DE DARLES DE COMER A LOS CHICOS, QUE TODAVÍA NO PUSE LA OLLA AL FUEGO"
-"BUENO, PERO APURATE, QUE VENGO MOLIDO"

"A BUENA HORA LLEGÁS, FIJATE SI EN LA HELADERA ENCONTRÁS ALGO QUE HAYA SOBRADO DEL MEDIODÍA!"
-"¡MA'H, SALÍ, SI YA COMÍ POR AHÍ!"

¡¡MENTIRA!! ¡¡MI MATRIMONIO NO ARRUINARÁ MI VIDA DE CASADA!!
?

YO NO TENGO NADA CONTRA LOS POBRES; TODO LO CONTRARIO
1593

CREO QUE NECESITAN AYUDA Y COMPRENSIÓN

¡Y AÚN MÁS!

SOY UNA CONVENCIDA DE QUE LA GRAN MAYORÍA DE LA GENTE QUE ES POBRE NO LO HACE POR MALDAD

1595

¡OH, QUÉ MOMENTO!...

...¡CON ARROZ DE ALMACÉN "DON MANOLO"!

¡VÍSTANSE!...¡DEBEMOS ENCONTRAR YA MISMO ALGÚN PSICOANALISTA DE GUARDIA, QUE COBRE BARATO!

OPINA UN SECTOR DE LA IGLESIA SOBRE EL CELIBATO SACERDOTAL
1614

¿QUÉ PENSÁS DEL CASAMIENTO DE LOS SACERDOTES, SUSANITA; VOS TE CASARÍAS CON ALGUNO?

¡¡¡PERO QUÉ HACÉS CON LOS BOTONES, DIGO YO?!!¡¡CATORCE DE UNA SOTANA, NUEVE DE OTRA!!...¡¡MAH!!...¡¡PEGÁTELOS VOS!!

NO, YO SOY MUY RESPETUOSA Y JAMÁS CONTRIBUIRÍA A APARTARLOS DE LAS SAGRADAS TAREAS QUE LES IMPONE EL CELIBATO QUE ELLOS SE COMPROMETIERON A MANTENER CRISTIANAMENTE

1622
¡HOLA, DERROTISTA! ¿QUÉ HAY DE MALO?

¿CÓMO ANDAN LA POLÍTICA, LAS GUERRAS, LAS INJUSTICIAS SOCIALES Y TODAS ESAS CALAMIDADES CON LAS QUE VIVÍS AMARGÁNDOTE?

¿Y EL FUTURO CÓMO PINTA, NEGRO PETRÓLEO, O MÁS BIEN NEGRO PÓLVORA, EH?

HASTA LUEGO, VOY A SOBREVIVIR UN RATO POR AHÍ ANTES QUE LA HUMANIDAD SE DERRUMBE DEL TODO

LA DERROTISTA SOS VOS: YO NO CREO QUE LAS COSAS ESTÉN TAN MAL COMO PARA TENER QUE TOMARLAS EN BROMA

1624

¡PERO SI LOS ANTERIORES A VOS NO FUERON NOVIOS; SOLO FUERON EXPERIENCIAS-PILOTO!
?

CLARO QUE HABRÁ QUE VER SI A MI MARIDO LO CONVENCE EL LENGUAJE TECNOLÓGICO

ACABO DE DESCUBRIR QUE UNAS REVISTAS DE HISTORIETAS QUE ME PRESTÓ FELIPE LAS TIRÉ AL INCINERADOR JUNTO CON LOS DIARIOS VIEJOS
1641

¡QUÉ MALA PATA, DIOS MÍO!... JUSTAMENTE A FELIPE, QUE ES TAN BONACHÓN!
¡Y BUENO, SUSANITA, ¿QUÉ VAS A HACERLE?

¡JURARLE QUE SE LAS DEVOLVÍ, POR SUPUESTO! ¡¿O QUERÉS QUE ADEMÁS DE LAS REVISTAS PIERDA MI DIGNIDAD?!

OH, FELIPE, ¿NO SERÍA MARAVILLOSO QUE ENTRETEJIÉRAMOS NUESTRAS VIDAS?
1643

DEPENDE, ¿CON QUÉ PUNTO?

¡ESTÚPIDO!

EL PUEBLO AL PODER
U.J.R.

¡PARA QUÉ! ¿PARA QUE DESPUÉS QUEDE TODO EL PODER LLENO DE CÁSCARAS DE NARANJA, PAPELES USADOS Y MANCHAS DE SANDWICHES DE CHORIZO?

¡MIENTRAS TODO EL MUNDO VERANEA FELIZ... MI PRIMITA, MI POBRE PRIMITA MABEL!...

¿QUÉ LE OCURRE, SUSANITA?
¡JUSTAMENTE AHORA, MIRÁ VOS!

¡ELLA NO MERECÍA ESTO, NO LO MERECÍA!
¿ES ALGO GRAVE?
¡GRAVE, DECÍS!

¡NUEVE AÑOS Y YA ENVIUDAR DEL APÉNDICE! ¿HAY DERECHO?

¡SNF!
1685

¡SÑIG!

¡SNÍF!

Y ESO QUE LOS LIBRETISTAS DE TELENOVELAS TIENEN LA DELICADEZA DE NO MOSTRARNOS A LOS PROTAGONISTAS CUANDO EN MEDIO DE SU DRAMA DE PASIONES LES CAE ADEMÁS LA FACTURA DE LA LUZ, EL TELÉFONO, IMPUESTOS MUNICIPALES, GAS, OBRAS SANITA...

¡AH! ¡A MÍ LO QUE ME GUSTARÍA SERÍA PERTENECER A LA SOCIEDAD!
A LA SOCIEDAD PERTENECEMOS TODOS, SUSANITA
1698

NO ME ENTENDÉS. YO TE DIGO A LA QUE TIENE APELLIDO
APELLIDO TENEMOS TODOS, SUSANITA

¡PERO NO, TARADA! ¡YO TE DIGO A LA QUE TIENE LA SARTÉN POR EL MANGO!

DALE, ¿A VER?, DALE: "LA SARTÉN POR EL MANGO LA TENEMOS TODOS, SUSANITA". DALE, ¿EH? DECILO, ANDÁ, ¿A VER?, DALE...

TENGO UNA DUDA CON UN TIEMPO DE VERBO. ¿PODRÍA CONSULTAR TU LIBRO?
POR SUPUESTO, VENÍ

VEAMOS... YO ME AMO TÚ ME AMAS ÉL ME AMA NOSOTROS NOS... ¿VES? ¡FALTA!
¿FALTA QUÉ?

NOSOTROS ME AMAMOS
¡PERO SUSANITA, ESO NO EXISTE!
¡¿CÓMO NO VA A EXISTIR "NOSOTROS ME AMAMOS"?!

Y NO. ¿NO VES QUE NO?

TOMÁ. LO QUE VEO ES QUE EL QUE HIZO LOS VERBOS SERÍA MUY DUCHO EN GRAMÁTICA, ¡PERO EN EGOÍSMO ERA UN ZOQUETE!

¿JHABÉS PHOR GUÉ LA GHENTE SE QUEJHA EN ESDE PHAÍS?

PHORGUE NO HA PASAHO NUNGA HAMBRHE, ¡PHOR EHSO!

¡HAMBRHE! ¡HAMBRHE!... ¡EHSO É LO GUE LA GHENTE NECEHITA EN ESDE PHAÍS!

¡A MI MAMÁ LOS NIÑOS IMPEDIDOS LA CONMUEVEN TANTO!...¡LE DESPIERTAN TAN PROFUNDO AMOR QUE SU SENSIBILIDAD NO SOPORTA EL DOLOR DE ACORDARSE SIQUIERA QUE EXISTEN!¡POBRE MAMÁ!
Y, SÍ, HAY, MUCHÍSIMA GENTE ASÍ BONACHONA

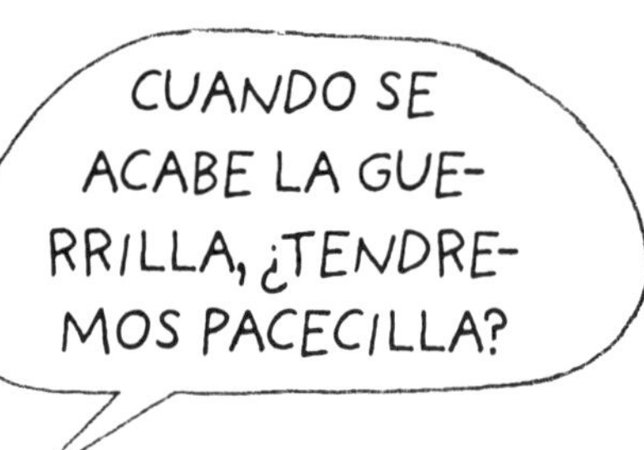

CUANDO SE
ACABE LA GUE-
RRILLA, ¿TENDRE-
MOS PACECILLA?

¡AAAH!... NO HAY MEJOR COSA QUE TERMINAR DE ACOSTUMBRARSE A QUE TODO ANDA MAL PARA EMPEZAR A SER FELIZ

¡ATCHÍÍÍSS!

¡DIOS MÍO, MAFALDA! ¿ESTORNUDASTE?

NO, ES QUE AHORA ME DA POR OPINAR POR LA NARIZ, PARA NO COMPROMETERME

¡HACETE LA CÁUSTICA, TARADA! ¡TODAVÍA QUE ME PREOCUPO POR TU SALUD!...

¡Y DALE CON LA POLÍTICA! ¡Y DALE CON LA POLÍTICA! ¡¡ME TENÉS PODRIDA CON LA POLÍTICA!!
1722

"¡LA POLÍTICA ES UN DESASTRE!..." "¡LA CULPA DE TODO LA TIENE LA POLÍTICA!..." "¡LA POLÍTICA ESTO, LA POLÍTICA AQUELLO!..."
©QUINO

¿SABÉS LO QUE PARECÉS? ¡LA NUERA DE LA POLÍTICA! ¡ESO PARECÉS!

EN MI CASA TODOS LOS MESES LO MISMO
1728

ENTRA MI PAPÁ CON EL SUELDO, SE LO PASA A MI MAMÁ, MI MAMÁ LO RECIBE, CONTROLA BIEN...

AVANZA MI MAMÁ UNOS DÍAS, VA MIDIENDO EL SUELDO, APARECE UNA CUENTA, LA PAGA, SIGUE AVANZANDO MI MAMÁ, SIEMPRE PAGANDO ATRAVIESA LA MITAD DEL MES...

UN COBRADOR TRATA DE INTERCEPTARLA, ENFRENTA A MI MAMÁ... ¡MI MAMÁ LO ELUDE! ¡SIGUE SU AVANCE SIEMPRE CON SUELDO DOMINADO! ¡TRATA DE LLEGAR A FIN DE MES!...

¡GRAN EMOCIÓN!... ¡SE VA ACERCANDO MI MAMÁ CON EL SUELDO!... ¡PUEDE SER! ¡VA LLEGANDO! ¡PUEDE SER!... ¡LO ESTIIIRAAAA!...

...¡CUANDO SE INTERPONE EL DÍA 26 Y ENVÍA EL SUELDO AL CORNER!
©QUINO

¡MIRÁ VOS QUÉ LINDO, CÓMO SE AMAN EL ÁRBOL Y LA ENREDADERA! ¿NO?
AJHÁ

CLARO QUE ANDÁ A SABER SI NO SON COMO LOS DE ENFRENTE DE CASA, QUE SE DICE QUE ÉL LA AGUANTA PORQUE NO SABE CÓMO SACÁRSELA DE ENCIMA

SEGÚN DICE MI PAPÁ, DESDE HACE AÑOS LO ÚNICO QUE SABEN HACER LOS GOBIERNOS ES OPRIMIR AL PUEBLO

¡VIENE UN GOBIERNO Y OPRIME AL PUEBLO!...
¡VIENE OTRO Y OPRIME AL PUEBLO!...
¡VIENE OTRO Y OPRIME AL PUEBLO!...

¡TAMBIÉN EL PUEBLO, CHÉ! ¡QUÉ VOCACIÓN DE TIMBRE, ¿NO?!

¡SALUD, SUSANITA! ¿QUÉ CONTÁS DE BUENO?
1742

ME ALEGRA TU PREGUNTA PORQUE JUSTAMENTE HOY ME SIENTO AUTOBIOGRÁFICA. YA DESDE MI MÁS TIERNA INFANCIA DEMOSTRÉ MI CARÁCTER; TENDRÍA YO COSA DE AÑO Y MEDIO CUANDO CIERTA MAÑANA EN QUE ME ENCONTRABA...
QUINO

1754

¿ME ALCANZÁS LA GOMA, GUILLE?
YO NO SOY TU SIDVIENTE

NO TE LO PIDO COMO A UN SIRVIENTE, SINO COMO A UN AMIGO

GRACIAS, INGENUOTE
QUINO

SÍ, BUENO, PERO ¿Y EL ENCANTO DE VER LA ENVIDIA DE LAS AMIGAS DE LA NOVIA, Y QUE A LA MADRINA LE QUEDAN CHICOS LOS ZAPATOS, Y MIRÁ ESTOS ROÑAS LA BARATIJA QUE REGALARON, Y A ESTE ENGRUDO LLAMAN TORTA DE BODAS

HOY EN EL DIARIO SALE UNA NOTICIA DEPRIMENTE EN TODO EL MUNDO TRABAJAN 43 MILLONES DE CHICOS EN CONDICIONES DEFICIENTES
¿TE DAS CUENTA? ¡Y ES UN INFORME DE LA ORGANIZACIÓN INTERNACIONAL DEL TRABAJO Y QUÉ SÉ YO! ¡43 MILLONES DE CHICOS DEBEN TRABAJAR PARA VIVIR!
¿Y? ¿TENEMOS NOSOTROS LA CULPA? ¡NO! ¿PODEMOS NOSOTROS SOLUCIONAR SEMEJANTE PROBLEMA? ¡NO! LO ÚNICO QUE PODEMOS HACER ES INDIGNARNOS Y DECIR "¡QUÉ BARBARIDAD!"
¡QUÉ BARBARIDAD!
LISTO. DECÍ VOS TAMBIÉN "¡QUÉ BARBARIDAD!", ASÍ NOS DESPREOCUPAMOS DE ESE ASUNTO Y PODEMOS IR A JUGAR EN PAZ

¿QUE NO ME INTERESA LA POLÍTICA? ¡SI NO ME INTERESARA LA POLÍTICA, NO ME HABRÍA PUESTO A ESCUCHAR LO QUE DECÍA HOY MI PAPÁ!
¿Y QUÉ DECÍA?

¡QUE PESE A TODO LO QUE SE HA HECHO HASTA EL MOMENTO, AÚN NO ESTÁN DADAS LAS CONDICIONES, AHÍ TENÉS!
¿LAS CONDICIONES PARA QUÉ?

AH, AHÍ DEJÉ DE PRESTAR ATENCIÓN, PORQUE, TOTAL, SI NO ESTÁN DADAS LAS CONDICIONES, ¿QUÉ CUERNOS IMPORTA PARA QUÉ?

¡NO SOS ABIERTA AL MONÓLOGO!

¡MOVIMIENTO POR LA LIBERA-CIÓN DE LA MUJER!.... ¡VÁLGAME DIOS, YA NO SABEN QUÉ INVENTAR!

SI QUERÉS A TU MARIDO, ¿ES ESCLAVITUD VIVIR COCINANDO, LAVANDO, PLANCHANDO Y FREGANDO PARA ÉL? ¡NO!

Y SI NO LO QUERÉS, ¿TENÉS DERECHO A SENTIRTE LIBRE Y ABANDONARLO? ¡TAMPOCO! PRIMERO POR-QUE SERÍA ATENTAR CONTRA LA FAMILIA, BASE DE LA SOCIEDAD

Y SEGUNDO PORQUE SERÍA DESPERDICIAR LA VENTAJA DE TENERLO SIEMPRE A MANO PARA AMARGARLE LA VIDA CADA VEZ QUE TE DÉ LA GANA

¡Y DALE! ¿NO ENTENDÉS QUE SON POBRES PORQUE QUIEREN? ¡USÁ LA CABEZA, PAPAFRITA, USÁ LA CABEZA!
¡DIOS MÍO!

¡PENSÁ EN QUÉ CA-SUCHAS VIVEN, QUÉ CACHIVACHES DE MUE-BLES COMPRAN, QUÉ ROPA USAN!

¿NO TE DAS CUENTA QUE SI ADEMÁS DE GANAR POCO ENCIMA TIENEN LA MANÍA DE INVERTIR EN COSAS DE MALA CALI-DAD, SIEMPRE VAN A SER POBRES?

¡NO HAY CASO, CON GENTE QUE NO RAZONA, NO SE PUEDE!

¿CONTAMINACIÓN DEL AIRE? ¡VOS SIEMPRE LA MISMA PESIMISTA!

¿Y SI TUVIERAS RAZÓN?

¿Y SI UNAS MALDITAS PARTÍCULAS DE AIRE PURO VINIERAN A ROMPER NUESTRO NORMAL EQUILIBRIO PORQUERIOLÓGICO? ¡DIOS MÍO! ¿QUÉ SERÍA DE NOSOTROS?

¡VOS Y TU FAMOSA IGUALDAD!
¿QUÉ TE PASA, SUSANITA?

¡QUE ESTOY CON DOLOR DE ESTÓMAGO, ZANAHORIA! ¿LE DUELE EL ESTÓMAGO A ESTE PAPAFRITA? ¡NO! ¿TE DUELE EL ESTÓMAGO A VOS? ¡TAMPOCO, CLARO, TE RESULTA MÁS CÓMODO QUE EL ESTÓMAGO ME DUELA A MÍ!

¡PORQUE ES MUY CÓMODO HABLAR DE IGUALDAD CUANDO LA DESIGUALDAD LA SUFRE OTRO! ¿NO?

¿POR QUÉ HOY NO LE DUELE EL ESTÓMAGO A TODO EL MUNDO, YA QUE SOMOS TODOS TAN IGUALES?

A VECES TENÉS RAZÓN EN DECIR QUE EN ESTE MUNDO HAY INJUSTICIAS, MAFALDA

MIENTRAS OTRAS AUTOESTIMAS LLEVAN UNA VIDA REGALADA, LA AUTOESTIMA DE MANOLITO SUDANDO LA GOTA GORDA PARA TRATAR DE AUTOESTIMAR ESTO. ¿HAY DERECHO?

¿Y EL PASTOR QUE LAS CUIDA A USTEDES ES CASADO? ¿TIENE HIJITOS? ¿QUÉ TAL ES LA MUJER? ¿CÓMO SE LLEVAN? ¿Y A USTEDES QUÉ TAL LAS TRATAN? ¿A LO MANOLITO, NOMÁS, O BIEN? ¿SABÍAN QUE EN LA ESCUELA NOS HABLAN SIEMPRE DE USTEDES? POR LO DE LA LANA Y TODO ESO, CLARO. MI MAMÁ SIEMPRE TEJE CON LANA. ES GENIAL, LA LANA. MEJOR QUE EL NYLON. CLARO QUE UNA NOVIA CON VELO DE LANA SE VERÍA RIDÍCULA, Y ADEMÁS EL NOVIO NO SABRÍA CON QUIÉN SE ESTÁ CASANDO, AUNQUE ESO LES PASA A MÁS DE CUATRO, QUE LA NOVIA TIENE CARA DE UNA COSA Y DESPUÉS RESULTA OTRA, COMO LE OCURRIÓ AL HIJO...

PARECIERA QUE EN LOS REPORTAJES DE LA TV ESTÁ COMO DE MODA PREGUNTARLE A LOS POLÍTICOS SI ESTÁN EN FAVOR O EN CONTRA DE LA PROPIEDAD PRIVADA, ¿NOTASTE?
SÍM

Y VOS, SUSANITA, ¿QUÉ PENSÁS: HAY QUE ESTAR EN CONTRA O A FAVOR DE LA PROPIEDAD PRIVADA?

DEPENDE... ¿DE LA PROPIEDAD PRIVADA DE QUIÉN?

¡FELICES FIESTAS PARA TODOS!

¿NO CONVENDRÍA ACLARAR QUE ESE TODOS LO DECIMOS SIN ASCO A LA PROMISCUIDAD DE MEZCLAR NUESTRA FELICIDAD CON LA DE CUALQUIERA? DIGO, PARA NO ARRUINAR EL MENSAJE DE NUESTRO SALUDO DE AMOR, ¿EH? PARA QUE NADIE VAYA A PENSAR QUE ALGUNO DE NOSOTROS TIENE PREJUICIOS, ¿EH? SERÍA UNA PENA NO DEJAR BIEN EN CLARO QUE EN FECHAS COMO ESTAS UNA TIENE SENSIBILIDAD SOCIAL Y TODO, ¿EH?

¿VOS QUÉ OPINÁS DEL AMOR, MANOLITO?
¿DEL AMOR A QUÉ?

¡PERO NO!... ¡NO TE HABLO DEL AMOR A QUÉ, SINO A QUIÉN! ¿NUNCA SENTISTE AMOR POR ALGUNA CHICA?

¡JOROBAR!... ¿AMOR? NO SÉ, HABÍA EN LA ESCUELA UNA REGORDETA SIMPATICONA, PERO NO SÉ... ¡JOROBAR!... ¡QUÉ SÉ YO SI ESO ERA AMOR O QUÉ!

ES MUY FÁCIL: SI CUANDO LA VEÍAS TE SENTÍAS COMO FLOTANDO ENTRE TULES MIENTRAS OÍAS MÚSICA DE VIOLINES, ¡ESO ERA AMOR, MANOLITO! ¡AMOR!

ENTONCES NO DEBÍA SER, PORQUE LA COSA ERA COMO COLUMPIARME EN UNA HAMACA DE LONETA MIENTRAS LE TIRABA CASCOTAZOS A UN TAMBOR

¿QUÉ TE PASA, SUSANITA?

QUE ENCONTRÉ EN MI CASA UN LIBRITO DE CATECISMO, Y LEÍ UNA ORACIÓN QUE TODO EL TIEMPO DICE MEA CULPA POR ESTO, MEA CULPA POR AQUELLO, MEA CULPA POR LO DE MÁS ALLÁ...
¿Y?

¡Y ENTONCES TODA LA NOCHE LEYENDO!

¡TODA LA NOCHE QUEMÁNDOME LAS PESTAÑAS BUSCANDO A VER SI HAY UNA ORACIÓN QUE SIRVA PARA ENDILGARLE LA CULPA A OTRO!... ¡PERO NADA!

¡ES ABSURDO! ¿POR QUÉ LOS CHICOS NO PODEMOS VOTAR?
¡BIEN DICHO!
¡AHÍ ESTÁ!
¡ESO! ¿POR QUÉ?

¿ACASO NOSOTROS NO FORMAMOS TAMBIÉN PARTE DEL PAÍS?
¡SÍ, SEÑOR!
¡MUY BIEN!
¡BRAVO!

¿ACASO NO SOMOS TAN CIUDADANOS COMO EL QUE MÁS?

¡SÍ QUE SOMOS!
¡CLARO QUE SÍ!

¿Y TAN DEL PUEBLO COMO CUALQUIERA?

¡AH, NO! ¡A MÍ, INSULTOS NO!

ALMACEN D

$

¡SI SE ESCRIBE FREUD Y SE DICE FROID, LO CULTO ES PRONUNCIARLO FRUÁ, BESTIA!

MI MAMÁ ES TAN SENSIBLE A LOS PROBLEMAS SOCIALES QUE LA SOLA PALABRA "MINUSVÁLIDO" ¡FRRRSSHT! LE PROVOCA UN SÚBITO CORTOCIRCUITO EMOTIVO. Y CLARO, TODAS ESAS FIBRAS ÍNTIMAS QUEMADAS LE BLOQUEAN EL ALTRUISMO.
¡Y SÍ!... A MENUDO LOS DEMASIADO BUENOS SUFREN ESTOS INCONVENIENTES TÉCNICOS.
QUINO

MÁS DE UNA VEZ ME HE PREGUNTADO CÓMO SIENDO TAN DISTINTAS PODEMOS SER AMIGAS
1847

BUENO, HAY QUE RECONOCER QUE A VECES LA PASAMOS BIEN, SERÁ POR ESO QUE SOMOS AMIGAS

SÍ, CLARO, PERO ¿Y CUANDO VOS TE PONÉS ESTÚPIDA?
¿Y VOS TARADA?
¿Y VOS ZANAHORIA?
¿Y VOS PAPAFRITA?
¿CÓMO PODEMOS SER AMIGAS CUANDO NO NOS AGUANTAMOS?

¡QUÉ SÉ YO!...PERO ANTES DE NO AGUANTAR A UN EXTRAÑO... ¡QUÉ QUERÉS QUE TE DIGA!...PREFIERO TODA LA VIDA NO AGUANTARTE A VOS
©QUINO

¿LARGÁS O NO?
¡NO LARGO NADA! ¡YO ESTABA PRIMERO!
1854

¡VOS ESTABAS PRIMERO, PERO YO SOY MUJER!
¡MUJER! ¿Y CON ESO, QUÉ

¡CÓMO "QUÉ", DEGENERADO! ¡QUE ESTÁS DESCOLUMPIANDO A TUS MADRES, ESPOSAS, NOVIAS, HERMANA
©QUINO

¿EL DÍA DE MAÑANA QUÉ SERÁ MÁS SANO PARA UNA? ¿CUIDARSE DE ESTE MUCHACHO PORQUE TAL COSA, DE AQUEL PORQUE TAL OTRA, DEL DE MÁS ALLÁ PORQUE PATATÍN, Y ASÍ?

¿O AGARRAR Y PONERSE A FUMAR NOVIOS SIN FILTRO, NOMÁS?

ENCONTRÉ ALGO ESPECIAL PARA VOS, SUSANITA. ESCUCHÁ

"DESDICHADO DE AQUEL A QUIEN SÓLO LE IMPORTA EL QUÉ DIRÁN"

¡POR SUPUESTO, SI EN REALIDAD LO QUE IMPORTA ES EL QUÉ DIJERON, QUIÉNES LO DIJERON, CÓMO LO DIJERON, CUÁNDO LO DIJERON, DE QUIÉN LO DIJERON, POR QUÉ LO DIJ

¿SABÉS LO QUE SOS? ¡UNA COMADRONA CHISMOSA CORREVEIDILE QUE SE PASA LA VIDA METIENDO SU REPUGNANTE NARIZ EN LA VIDA DE TODO EL MUNDO PARA LUEGO IR Y DESPARRAMAR PONZOÑA POR TODOS LADOS! ¡ESO SOS!
1876

¡LO QUE FALTABA: QUE AHORA UNA NO PUEDA TENER UN HOBBY!

¡CHÁ QUE LO TIRÓ! ¡TODA LA TARDE LUCHANDO CON ESTE MALDITO DIBUJO DE LA PLANTA DE PAPA PARA EL DEBER DE BOTÁNICA!
1879

¡Y AHORA A ESTUDIAR LA LECCIÓN: "LA PAPA: LA PAPA ES UNA PLANTA DE LA FAMILIA DE LAS SOLANÁCEAS, DE RAÍZ FIBROSA Y HOJAS COMPUESTAS. SUS TUBÉRCULOS, RICOS EN FÉCULA, SON MUY

'A BABA: 'A BABA EH UHA BLANTHA 'E 'A BAMILIA 'E 'AS HOLANÁ'HEAS, 'E HAÍZ FIBROHA Y HOHAS HOM BUESDAS. HUS DUBÉRGULOS, HICOS EN HÉCULA, HON HUY....

"LA PAPA: LA PAPA ES UNA PLANTA DE LA FAMILIA DE LAS SOLANÁCEAS, DE RAÍZ FIBROSA Y HOJAS COMPUESTAS. SUS TUBÉRCULOS, RICOS EN FÉCULA, SON

¡PUFFA, QUERIDA! ¿¡OTRA VEZ PURÉ!?

ANOCHE SOÑÉ QUE ENVIUDABA MOTU PROPRIO, MIRÁ VOS

1883

¡POBRES, LAS MONJAS! LA RELIGIÓN ME PARECE MUY BIEN, PERO VIVIR PARA LA RELIGIÓN EN VEZ DE VIVIR PARA UN MARIDO....NO SÉ, YO PREFIERO VIVIR PARA UN MARIDO

CLARO QUE A DIOS NUNCA SE LE VA A OCURRIR SALIRTE CON QUE SU MAMÁ COCINA MEJOR

1888
COMO DE UN LAVARROPAS QUE MARCHA SIN CESAR

LA ESPUMA DE LA DICHA DESBORDARÁ EN MI HOGAR

TENDRÉ UN BELLO MARIDO NO FALTARÁ EL DINERO VIVIREMOS UNIDOS CUAL EL PELO AL RULERO

¡¡QUÉ SABRÁN USTEDES DE POESÍA, MANGA DE INSENSIBLES!!

1892
EL PAN NUESTRO DE CADA DÍA DÁNOSLE HOY

Y PERDÓNANOS NUESTRAS DEUDAS ASÍ COMO NOSOTROS PERDONAMOS A NUESTROS DEUDORES

Y NO NOS DEJES CAER EN LA TENTACIÓN, MAS LÍBRANOS DE MAL, NO VAYAS

A METERNOS EN LÍOS COMO EL QUE TIENE LA GORDITA DE LA PANADERÍA, QUE VINO A ENTERARSE QUE SU NOVIO ES TAMBIÉN NOVIO DE LA PRIMA CASADA CON EL FLACO QUE ANDUVO ANTES CON LA HERMAN

1895
JAQUE MATE, SUSANITA

"¡TE HICE MORDER EL POLVO DE LA DERROT...!"

NO, ESPERÁ, ESE ERA POR SI YO...

"ME GANASTE, SÍ. ¿Y CON ESO, QUÉ? ¿ES MÉRITO GANARLE A QUIEN, COMO YO, JUEGA CON LA SANA DESPREOCUPACIÓN DE NO ALIMENTAR EL BAJO APETITO DEL FUGAZ TRIUNFO, GERMINADOR DE ENGAÑOSAS VANIDADES QUE

¿A JUGAR A LA PLAZA? PERO ¿NO TENÍAS QUE ESTUDIAR?
¡SÍ, MAMÁ, PERO SI JUEGO UN RATO, LUEGO ESTUDIO CON LA CABEZA BIEN DESPEJADA!
1904

¡RÍNDETE YA, PETE JOE! ¡TE TENEMOS RODEADO!

¿RENDIRME? NEVER! ¡ESTOY DISPUESTO A VENDER CARO MI PELLEJO!

¡A PROPÓSITO DE VENDER CARO: ME DIJO MI MAMÁ QUE LE DIGAS A TU PAPÁ QUE EL QUESO, ADEMÁS DE COBRÁRNOSLO UNA BARBARIDAD, RESULTÓ UN ASCO!

¡CLARO, COMO SI EL QUESO LO FABRICARA MI PAPÁ!
¡LO QUE FABRICA TU PAPÁ ES LA MEJOR MANERA DE DESPLUMAR A LA GENTE!
¡SON TODOS IGUALES, UNA MANGA DE DE NERA DOS!
¡ANDÁ, VOS SIEMPRE CON TUS ESTU

¡CON LA CABEZA BIEN DESPEJADA!

1915
HOLA
HOLA

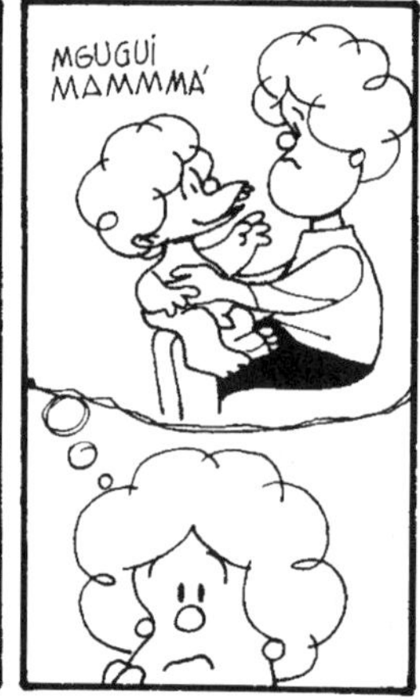

MGUGUÍ MAMMMÁ

¡JAMÁS!

?

ME EMPEZÓ A HABLAR MAL DE PIRULO Y
¡HOLA!

¡SALVADO! ¡GRACIAS, MANOLITO!
¡MMMCHUIIIIIK!

¿!?
¿♥?

¡TARADA! ¡TENÉS PESADILLAS Y ENCIMA TE REÍS?

Joaquín Lavado, **Quino**, nació el 17 de julio de 1932 en Mendoza, Argentina, en el seno de una familia de emigrantes andaluces. Descubrió su vocación como dibujante a los tres años. En 1954 publica su primera página de chistes en el semanario bonaerense *Esto es*. En 1964, su personaje Mafalda comienza a aparecer con regularidad en el semanario *Primera Plana*. El éxito de sus historietas le brinda la oportunidad de publicar en el diario nacional *El Mundo* y será el detonante del boom editorial que se extenderá por todos los países de lengua castellana. Tras la desaparición de *El Mundo* y un año de ausencia, Mafalda regresa a la prensa gracias al semanario *Siete Días* en 1968, y en 1970 llega a España de la mano de Esther Tusquets y de la editorial Lumen. En 1973 Mafalda y sus amigos se despiden para siempre de sus lectores. Se han instalado esculturas del personaje en Buenos Aires, Oviedo y Mendoza. Lumen ha publicado los once tomos recopilatorios de viñetas de Mafalda, numerados de 0 a 10, y también en un único volumen —*Mafalda. Todas las tiras* (2011)—, así como las viñetas que permanecían inéditas y que integran junto al resto el libro *Todo Mafalda*, publicado con ocasión del 50 aniversario del personaje, y las recopilaciones *Mafalda. Femenino singular* (2018), *Mafalda. En esta familia no hay jefes* (2019), *El amor según Mafalda* (2020), *La filosofía de Mafalda* (2021), *Mafalda presidenta* (2022), *Mafalda para niñas y niños* (2023), *La vida según Mafalda* (2024), *Lo mejor de Mafalda* (2025), *Lo mejor de Felipe* (2026) y *Lo mejor de Susanita* (2026). También han aparecido en Lumen los libros de viñetas humorísticas del dibujante, entre los que destacan *Mundo Quino* (2008), *Quinoterapia* (2008), *Simplemente Quino* (2016), el volumen recopilatorio *Esto no es todo* (2008) y *Quino inédito* (2023).

Quino ha logrado tener una gran repercusión en todo el mundo, sus libros han sido traducidos a más de veinte lenguas y dialectos (los más recientes son el armenio, el búlgaro, el hebreo, el polaco y el guaraní), y ha sido galardonado con premios tan prestigiosos como el Príncipe de Asturias de Comunicación y Humanidades y el B'nai B'rith de Derechos Humanos. Quino murió en Mendoza el 30 de septiembre de 2020.

Papel certificado por el Forest Stewardship Council®